浙里的
红色根脉

王祖强　包晓峰◎编著

杭州出版社

图书在版编目（CIP）数据

浙里的红色根脉 / 王祖强，包晓峰编著 . -- 杭州 ：
杭州出版社，2022.12
ISBN 978-7-5565-2018-3

Ⅰ．①浙… Ⅱ．①王… ②包… Ⅲ．①革命史－浙江
Ⅳ．① K295.5

中国版本图书馆 CIP 数据核字 (2022) 第 255378 号

Zhe Li de Hongse Genmai

浙里的红色根脉

王祖强　　包晓峰　编著

责任编辑　郑宇强
责任校对　陈铭杰
美术编辑　王立超
出版发行　杭州出版社（杭州市西湖文化广场 32 号 6 楼）
　　　　　　电话：0571-87997719　邮编：310014
　　　　　　网址：www.hzcbs.com
印　　刷　浙江全能工艺美术印刷有限公司
开　　本　710 mm×1000 mm　1/16
印　　张　8.25
字　　数　100 千
版 印 次　2022 年 12 月第 1 版　2022 年 12 月第 1 次印刷
书　　号　ISBN 978-7-5565-2018-3
定　　价　36.00 元

前　言

历史是一面镜子，它照亮现实，也照亮未来。习近平总书记在党史学习教育动员大会上指出："历史是最好的老师，我们党的历史是中国近现代以来历史最为可歌可泣的篇章，历史在人民探索和奋斗中造就了中国共产党，我们党团结带领人民又造就了历史悠久的中华文明新的历史辉煌。一切向前走，都不能忘记走过的路，走得再远、走到再光辉的未来，也不能忘记走过的过去，不能忘记为什么出发。"在深入推进党史学习教育的今天，用好红色资源，传承好红色基因显得尤为重要。

浙江是中国革命红船启航之地，中国共产党在浙江的革命历程与奋斗足迹给浙江留下了深深的红色烙印，为浙江人民注入了独特的红色基因。为了引导老年人正确认识浙江红色根脉的演进脉络，深入挖掘好、守护好、传承好红色基因，弘扬最具辨识度的浙江"金名片"，浙江老年电视大学邀请中共浙江省委党史和文献研究室的专家学者精心策划编写了本书。

本书为突出浙江特有的宝贵红色财富，采用全方位、多视角的方式安排主体内容，全书分为《浙江先进分子与马克思主义的传播》《红船从这里起航》《大革命的洪流》等十五章，从五四运动在浙江得到积极响应开始铺陈笔墨，按照建立中国共产党，大革命，土地革命，抗日战争，解放战争，建立新中国，改革开放这一脉络，重点讲解浙江的红色文化、红色遗存，以及浙江人民在中国共产党的坚强带领下在革命、建设和改革时期所作出的成就和贡献。

在深入学习宣传贯彻党的二十大精神之际，在浙江高质量发展建设共同富裕示范区的当下，希冀本书的出版可以为浙江老年人在党史学习教育方面提供指导和借鉴，帮助其树立正确的历史观、价值观，更快、更好地融入"共同富裕建设"的目标，不断为推进习近平新时代中国特色社会主义思想在浙江的生动实践贡献力量。

《浙里的红色根脉》编委会
2022 年 10 月

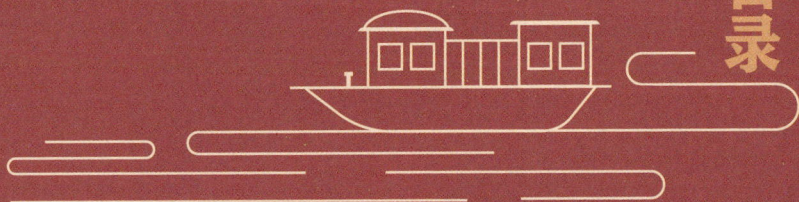

目录

第一章

浙江先进分子
与马克思主义的传播

随着五四爱国运动迅速在全国得到积极响应，工人阶级作为独立的政治力量开始登上历史舞台。在这场运动爆发一年之后，一名叫陈望道的爱国青年，在浙江义乌译出了《共产党宣言》的第一个中文全译本，从此，浙江先进分子的命运与马克思主义紧紧相连。

第一节　五四运动在浙江

　　第一次世界大战结束后的"巴黎和会"上，帝国主义列强决定将战败国德国在山东的特权全部转让给日本，北洋军阀政府竟然准备在"和约"上签字，这激起了中国人民的强烈愤慨。1919年5月4日，北京大学等13所学校的3000多名学生在天安门前集会演讲，提出了"外争主权，内除国贼"等口号。浙江学生随即响应，5月9日，杭州、宁波、绍兴、嘉兴等城市纷纷举行纪念大会和游行示威，并成立学生联合会。12日上午，杭州14所中等以上学校的3000余名学生在湖滨公众运动场举行联合救国大会，要求省议会致电"巴黎和会"归还山东主权，要求北洋军阀政府惩办亲日派官员曹汝霖、章宗祥、陆宗舆。此后，各校学生组织宣传队深入群众，通过演讲、演街头剧等形式宣传爱国主张，激发广大民众的爱国热情。13日，湖州商界召开大会，公决开除章宗祥（湖州人）的宗籍，将他驱逐出族，并查封他的家产，充作地方公费之用。同日，海宁硖石镇也召开大会，声讨陆宗舆，并发出电文，"公决以后不认陆宗舆为海宁人，以为卖国者戒"。14日，北洋军阀政府不顾国内抗议，仍下令中国代表在"和约"上签字，从而激起了爱国学生的更大愤怒。19日，北京大学等26所大中学校宣布总罢课。29日，杭州各学校也宣布罢课，嘉兴、宁波、绍兴、台州、温州、金华等地学生积极响应。6月1日，北洋军阀政府下令取缔爱国运动。为抗议北洋军阀政府的高压政策，上海工人首先举行罢工，浙江工人随即响应。5日，杭（州）甬（宁波）铁路工人罢工，随后航运、丝织、印刷、机器、织布等行业工人也积极响应，罢工总数达数十万人。如此声势浩荡的工人罢工运动，表明工人阶级作为独立的政治力量开始登上了历史舞台。罢课、罢工、罢市风潮席卷浙江全省主要城市。迫于国内压力，北洋军阀政府免除了曹、章、陆3人的职务。6月28日，出席"巴黎和会"的中国代表拒签"和约"。五四爱国运动取得了胜利。

第二节　陈望道翻译《共产党宣言》

《共产党宣言》是科学社会主义的纲领性文献，它的发表标志着马克思主义理论的诞生。中国共产主义运动的两位先驱李大钊、陈独秀在北京读了该书的英文版后，认为应当尽快将此书译成中文。从1920年2月至4月，陈望道在家乡义乌分水塘村，根据日本《社会主义研究》创刊号所收幸德秋水、堺利彦合译的日文版《共产党宣言》，和陈独秀通过李大钊从北京大学图书馆借来的英文版《共产党宣言》，译出了中文版的《共产党宣言》。这是《共产党宣言》第一个中文全译本。5月中旬，陈望道应沈定一之邀来到上海担任《星期评论》的编辑，译稿则由陈独秀和李汉俊校阅。因《星期评论》不久停刊，译稿未能连载发表。陈独秀就和共产国际代表维经斯基商量，筹钱建立了一个名叫"又新印刷所"的小型印刷厂，以社会主义研究社的名义，将《共产党宣言》

《共产党宣言》封面

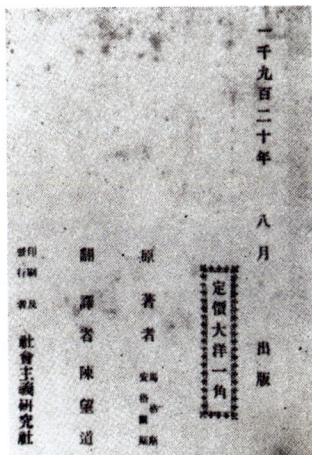

《共产党宣言》扉页

作为"社会主义研究小丛书第一种"，于8月份在上海印刷出版，初版1000册，到1926年5月，该书已是第十七版，数年间流传极广、影响极大。《共产党宣言》中文全译本的出版，在中国马克思主义传播史上是一件大事，为中国先进分子接受马克思主义创造了重要的条件。毛泽东曾说过，有三本书特别深地铭刻在他心中，建立起他对马克思主义的信仰，陈望道翻译的《共产党宣言》就是其中一本。

第二章

红船从这里起航

马克思主义在中国的广泛传播，鼓舞了包括浙籍先进分子在内的全国爱国人士。1921年，中国共产党第一次全国代表大会在嘉兴南湖胜利举行，标志着中国革命出现全新的局面。与此同时，由中国共产党领导的全国第一次有组织有纲领的农民运动在衙前正有组织地开展。

第一节　浙籍先进分子的建党活动

　　1920 年初，在北京的陈独秀和李大钊开始酝酿建立无产阶级政党。2 月，陈独秀到上海，浙籍先进分子沈雁冰、邵力子、沈定一就和他取得联系，准备在上海组织马克思主义研究会。4 月，经共产国际同意，俄共远东局派维经斯基等人到中国，了解中国革命运动的情况，并同中国的革命组织建立联系。维经斯基先在北京会见了李大钊，后到上海找到了陈独秀。维经斯基到上海后，组织了数次座谈会，以了解中国革命运动的现状。浙籍先进分子俞秀松担任维经斯基的助手，协助他做了大量的工作。1920 年 5 月在上海成立了马克思主义研究会，正式参加的浙籍人士有陈望道、施存统、俞秀松、沈雁冰、邵力子、沈定一等。随着马克思主义研究会活动的深入发展，以及维经斯基的帮助，创建共产党组织被提上了议事日程。6 月，上海共产党组织在全国率先成立，俞秀松参加了党纲的起草工作，自此至 1921 年 7 月中共一大前，共有党员 15 人，其中浙籍先进分子有陈望道、邵力子、俞秀松、施存统、沈雁冰、沈泽民、沈定一等 7 人。上海共产党组织建立后，浙籍先进分子开展了多方面的工作。邵力子主编的《民国日报》副刊《觉悟》，陈望道主编的《新青年》，陈望道、俞秀松编辑的《劳动界》等刊物在宣传马克思主义、启发和团结工人上起到了很好的作用。陈望道、施存统等人翻译介绍了大量有关社会主义的文章。1920 年 8 月 22 日，上海社会主义青年团成立，发起人有浙籍俞秀松、沈定一、施存统、陈望道、叶天底等人，俞秀松任书记，浙籍青年王一飞、华林、梁柏台、王会悟、宣中华等人随后加入。1921 年 3 月，中国社会主义青年团临时中央执行委员会在上海成立，俞秀松任书记。他一度承担了上海党组织的全部工作。在陈独秀去广州期间，陈望道是上海共产党组织的负责人之一。另外，施存统在日本发展党组织，为旅日共产党组织的负责人；沈定一则参加了广州共产党支部的创建工作，主编广州支部的《劳动与妇女》期刊，宣传马克思主义。在中共一大前夕，浙籍先进分子为党的创建做出了重要贡献。

第二节　中共一大在嘉兴南湖召开

1921 年 7 月 23 日，在共产国际的帮助下，中国共产党第一次全国代表大会（以下简称中共一大）在上海开幕。7 月 30 日晚，一大会场望志路 106 号（今兴业路 76 号）李汉俊寓所遭法租界巡捕搜查。虽没有人员被捕，但已无法正常开会。经李达夫人王会悟建议，代表们商定，中共一大在嘉兴南湖续会。8 月 3 日上午，中共一大在嘉兴南湖的一条游船上继续举行。在上海会议讨论的基础上，南湖会议首先就党的纲领和关于工作任务的决议草案作了进一步的讨论。与会代表一致同意将马克思主义作为党的指导思想和行动指南，学习苏俄组织无产阶级革命政党，并确定党的名称为中国共产党，党成立后的中心任务是大力宣传马克思主义，提高工人阶级觉悟，推动工人运动的发展。下午 1 时前，南湖会议通过了关于党的纲领和工作任务的《决议》。中饭过后，代表们紧接着讨论宣言文本。在涉及对南北政府以及孙中山的看法和所应采取的态度等问题时，代表们出现分歧。由于时间仓促，在没有达成一致意见的情况下，大会准备将宣言草案和与会代表的意见转交党的领导机构和共产国际代表马林会商决定，因而《宣言》没有发表。会议最后选举产生了党的中央领导机构。经过与会代表的无记名投票，陈独秀、张国焘、李达当选中央局成员。陈独秀虽然没有出席这次会议，但鉴于他在新文化运动时期的巨大影

嘉兴南湖红船

响与声望，以及在建党活动中的特殊作用，大会选举他担任中央局书记，张国焘任组织主任，李达任宣传主任。中共一大的胜利闭幕，标志着中国共产党正式诞生。这是具有划时代的伟大意义，是开天辟地的大事变，中国革命从此出现全新的局面。

第三节　衙前农民运动

浙籍先进分子对农民问题的认识是非常卓越的。他们认识到中国的社会革命，应该特别注意农民运动。为了促使农民阶级的觉醒，一批浙籍先进分子深入农村，教育和发动农民。1921年4月，中共早期党员沈定一在家乡萧山衙前着手开展农民运动。他邀请原浙江第一师范的教师刘大白，学生徐白民、宣中华、唐公宪以及杨之华等，筹办衙前农村小学校，并在筹办过程中，通过访贫问苦、社会调查、演讲，向农民宣传科学与民主思想。在沈定一等人的启发和发动下，农民们开始积极投入捍卫自身权益的斗争，涌现出李成虎、单夏兰等一批农民积极分子。9月26日，衙前农村小学校正式开学，发表了《衙前农村小学校宣言》，明确提出该校为穷人的儿女提供受教育的机会。27日，衙前及附近村的农民在衙前东岳庙集会，宣告衙前农民协会成立，选举了李成虎、陈晋生、单夏兰等6人为协会领导人。发布了《衙前农民协会宣言》和《衙前农民协会章程》。《宣言》提出：世界上的土地应该归农民使用，由农民所组织的团体保管分配。衙前农民协会的成立，影响和带动了附近农村的农民，短短一两个月，萧绍地区的萧山、绍兴、上虞3个县共有82个村建立了农民协会。中共中央机关刊物《新青年》曾全文刊登了衙前农民运动的这三个文件。11月24日，衙前农民协会联合会正式成立，组织农民开展抗租和反封建的斗争。地主们收不到租，纠集80余条收租船，分头向农民逼租。在沈定一和农民协会的支持下，1000余农民高呼口号，向收租船投掷泥土石块，迫使地主空船而逃。抗租减租斗争让农民减轻了负担，因而得到了农民的大力拥护，但却引起了地主阶级的不安和不满。萧（山）绍（兴）两县知事致电省督军署，要求平息农

衙前农民协会旧址——衙前东岳庙

民抗租。省长沈金鉴下令"严行拿捕惩治"，当局到处张贴布告，解散各地农民协会，强令入会农民销毁会员证，又派 60 余名武装人员赴萧绍地区弹压，农民协会主要领导人单夏兰、陈晋生、李成虎等先后被捕，李成虎于 1922 年 1 月 24 日在萧山县狱被凌虐致死。以衙前为中心的萧绍农民运动遭到了军阀政府的血腥镇压。衙前农民运动是中国共产党领导的全国第一次有组织有纲领的农民运动，是中国先进分子用马克思主义指导解决中国农民革命问题的首次尝试，揭开了中国现代农民革命斗争的序幕，显示了农民群众潜在的伟大力量。

第三章

大革命的洪流

第一次国内革命战争时期，浙江党组织在浙江全境积极开展建党工作，培养了一批浙江籍党内骨干和先进分子。但随着国共合作的全面破裂，大批优秀的共产党员倒在了国民党反革命掀起的血雨腥风中。而胸怀共产主义理想的浙江籍共产党员和革命群众在生死考验面前仍选择砥砺前行。

第一节　西湖会议

在 1922 年 7 月召开的中国共产党第二次全国代表大会上，中国共产党第一次提出了反对帝国主义、封建主义的民主革命纲领。大会通过《关于"民主的联合战线"的决议案》，号召全国的工人、农民团结在中国共产党的旗帜下，同时联合一切革命党派，联合资产阶级的民主派，组织民主的联合阵线，并邀请国民党等革命团体举行联席会议来共商中国的革命问题。共产国际根据马林的建议给中国共产党发出指示，要求共产党人支持国民党，并在国民党内进行工作。1922 年 8 月 29 日至 30 日，在马林的建议下，中共中央执行委员会在杭州西湖举行了全体会议，以解决国共两党的合作形式问题。出席会议的有陈独秀、李大钊、蔡和森、高君宇、张国焘，共产国际代表马林和翻译张太雷共 7 人。会上，马林阐述了共产党人以个人身份加入国民党的必要性和可能性，要求共产党与国民党进行合作是共产国际根据当前中国革命形势作出的决议。但是，会议在共产党员是否可以以个人名义加入国民党这个问题上仍展开了激烈的讨论。主要有 3 种意见：第一种

西湖全景

意见反对"党内合作"，他们认为国民党是一个资产阶级的政党，共产党员加入国民党无疑是与资产阶级混合，会丧失自己的独立性；第二种意见基本同意"党内合作"，他们认为国民党的组织非常松散，共产党员加入国民党不会受到约束，而且共产党员加入国民党的方式，是实现民主联合战线易于行得通的办法；第三种意见是有条件地服从共产国际的决议，他们认为，如果这是共产国际不可改变的决定，可以服从，只是必须向国民党提出一定的条件，即孙中山必须根据民主主义的原则改组国民党，取消"打手模"及向个人宣誓等入党手续。西湖会议经过充分的讨论，决定在孙中山改组国民党的条件下，共产党员以个人名义加入国民党。西湖会议是中国共产党历史上的一次重要会议，是中国共产党在共产国际的帮助下，从主张国共"党外合作"改变为"党内合作"的转折点。这次会议是中国共产党为实现国共合作迈出的重要一步。会后，陈独秀、李大钊、蔡和森、张太雷、张国焘、俞秀松等少数党员以个人身份加入国民党，并开始帮助孙中山筹备改组国民党。

第二节　中共组织在浙江的建立

中国共产党成立后，非常重视浙江党组织的创建工作。1921年底，中共上海地委成立，陈望道任书记。1922年7月，中共上海地委改组为上海地委兼区委，领导上海与江苏、浙江两省党的工作，地委委员徐梅坤、沈雁冰、俞秀松都为浙江人，其中徐梅坤任委员长。8月底，徐梅坤专程来杭州开展建党工作。这时，中共北京

徐梅坤

地委也派一批骨干到各地建党，其中于树德被派到杭州，在浙江法政学校任教，并与中共上海地委兼区委取得了联系。他们还与浙江陆军第二师陈仪部连副金佛庄和沪杭铁路闸口机修厂工人沈干城取得了联系。金佛庄在保定军校时已加入社会主义青年团，沈干城当时是中国劳动组合书记部驻沪杭铁路特派员、北京大学马克思学说研究会成员。徐梅坤首先将沈干城发展入党，随后又将金佛庄转为中共党员。9月初，中共杭州小

杭州皮市巷 3 号

组在皮市巷 3 号正式成立，于树德任组长，成员有金佛庄、沈干城，隶属中共上海地委兼区委。这是浙江最早建立的中共地方组织。1923 年春，中共杭州小组发展了第一批党员，杭州小组扩大为支部，于树德任书记。

在杭州党组织得到进一步发展的同时，全省其他各主要城市如绍兴、台州、温州、宁波、嘉兴、金华的党组织也相继建立。从此，中共组织如星星之火，迅速燎原浙江大地。

第三节　国民党在浙江的反革命政变

在北伐战争不断取得胜利的形势下，国民党右派的反共活动却愈演愈烈。1927 年 4 月 3 日至 5 日，蒋介石、张静江等人在上海召开秘密会议，决定反共"清党"，并提出了对各地共产党员应该看管的 197 人名单，其中涉及浙江的有张秋人、汪寿华、宣中华、杨眉山、赵济猛、郑恻尘和王鲲等 20 余人。8 日，蒋介石下达了"东南已光复各省一致清党"的密令。9 日，宁（波）台

（州）温（州）防守司令王俊首先在宁波发难，以国民党宁波市党部机关报《宁波民国日报》诋毁蒋介石为由，大肆逮捕共产党人、国民党左派人士，镇压抗议群众，并唆使暴徒捣毁宁波市总工会、国民党宁波市党部和《宁波民国日报》社。11日，王俊通令国民党员重新登记，重新组织国民党各区党部，开除共产党员赵济猛、杨眉山、王鲲、竺清旦以及国民党左派庄禹梅等42人的国民党籍，同时通令宁波各工农团体一律重新组织，解散有共产党员参加的宁波临时市政府。同日，杭州市公安局局长章烈在蒋介石的授意下，命令大批军警分头封锁国民党浙江省党部、杭州市总工会、国民党杭州市党部、学生联合会等公开机关，大肆突

国民党右派策划反共"清党"的地点——新新饭店

击逮捕革命者，查人伟、丁济美、郑恻尘、宣中禅等30多人被捕。12日，章烈发出布告，宣布革命者"一律不得受法律之保障"。宣中华赴沪途中被密探发觉被捕，在上海龙华被害；国民党浙江省党部工人部部长韩宝华从杭州出走，结果在绍兴被捕遇难。同时，成立浙江省"清党委员会"，在浙江陆军监狱设置特别刑庭，组织密查队，设立"反省院"等机构，专门用来对付共产党人。从4月下旬起，浙江各地的"清党"全面展开。湖州、温州、金华、绍兴等地的国民党右派开始全面"清党"，取缔工农群众组织，逮捕国民党左派人士和共产党员，大批革命者遭到残杀，整个浙江陷入白色恐怖之中。仅四五两个月，全省被破坏的中共组织就达70余个。至7月15日，仅杭州、宁波两市就有400余人被捕，其中117人被杀。到年底，全省有1805人被捕，其中932人被杀。在国民党右派的白色恐怖下，全省共产党员从4月上旬的4000人，下降到9月底的1563人，共青团员也比反革命政变前的1100人减少了一半以上。在一片腥风血雨和严峻的生死考验面前，浙江的共产党员和革命群众并没有被吓倒、被杀绝，他们从地上爬起来，揩干净身上的血迹，又继续战斗了。

第四章

土地革命的风暴

　　为了尽快恢复浙江的革命力量，加强浙江党组织的领导，中共中央决定建立浙江省委，并全面开展全省各地的革命斗争。自此之后，革命的火焰相继在宁海亭旁、温州永嘉、丽水庆元等地熊熊燃烧，红十三军、红军抗日先遣队的顽强斗争为革命运动在浙江的开展积累了宝贵的经验。

第一节　中共浙江省委的建立

　　浙江建党建团，在全国属于较早的省份之一。1922年9月至1927年4月上旬，全省已建立了3个地委，110多个中共独立支部或支部、小组，党员达4000余人。但在随后蒋介石发动的反共"清党"中，浙江党组织遭受重大损失。为了恢复浙江的革命力量，加强对浙江党组织的领导，中共中央决定建立浙江省委。1927年4月27日至5月9日，中共中央在武汉召开第五次全国代表大会。会后中央决定撤销中共上海区委，分别建立江苏、浙江省委。6月，中共浙江省委在杭州地委的基础上正式成立。成员包括省委书记庄文恭，省委委员、组织部主任张叔平，省委委员、宣传部主任赵济猛，省委委员、农民部主任卓兰芳。中共浙江省委的成立，使浙江党组织有了统一的领导机构，推动了全省党组织的恢复与发展，也展示了浙江共产党人不怕牺牲、前赴后继、英勇奋斗的革命精神。浙江省委成立后，重点开展党组织的恢复和发展工作。经过省委的积极工作，到六七月间，共建立和恢复了直属省委领导的组织有：宁波地委、杭州中心区委、湖州县委、绍兴县委、奉化临时县委、宁海临时县委、武义临时县委、兰溪临时县委、永康临时县委，以及7个区委、17个独立支部（特别支部、支部）。党组织遍及全省32个县市，初步扭转了蒋介石反共"清党"后浙江党组织工作的被动局面。

　　继中共五大之后，1927年5月10日至16日，共青团第四次全国代表大会在武汉召开，大会选举了新的共青团中央委员会，为加强对浙江青年运动的领导，6月，共青团浙江省委在杭州成立，书记为华少峰，委员有石天柱、华超之（华白沙）。6月底，共青团浙江省委直接领导的组织有共青团杭州中心区委、宁波地委、嘉兴支部、临海县委、金华支部、浦江支部和衢州独立支部。8月，华少峰调离浙江。至年底，团中央先后派卓恺泽、徐玮、邵荃麟（邵亦民）等人负责浙江共青团的工作。

第二节　亭旁农民暴动

1928年3月中旬，中共浙江省委在上海召开扩大会议。根据会议精神，浙江省委于3月24日作出了《关于台属六县工作决议案》，要求各县发展党的组织，积极开展农民斗争，由农民的游击战争、乡村暴动达到武装割据的前途。《决议案》明确提出，"浙江党的工作之前途，仍是武装暴动夺取政权的前途"。5月上旬，中共浙江省委决定在宁海亭旁（今属三门县）农民经济斗争的基础上，组织一次大规模的武装暴动，准备"以游击战争的方式，造成乡村割据的局面"。5月20日夜，亭旁等四区农民武装在谷仓岭集中，讨论提前起义事宜，决定设立红军指挥部，推选包定为总指挥。23日，180多名农民武装攻打恶霸、土豪的家院，揭开了亭旁暴动的序幕。24日，亭旁区革命委员会及红军指挥部成立，包定任革命委员会主席兼红军总指挥。26日拂晓，农民武装手执长矛、大刀及少数土枪等武器，向亭旁进军。当地土豪劣绅闻风逃遁，农民武装未经战斗即占领亭旁。随后，中共宁海县委在城隍殿召开群众大会，宣布正式成立亭旁区革命委员会，这是浙江省第一个苏维埃政权。革命委员会焚烧契据，没收土地，并出示布告逮捕反动豪绅。接着，农民武装在亭旁举行了盛大的游行示威，周边农民也纷纷响应。亭旁暴动成功后，震惊了国民党地方当局，迅速派军警实施镇压。在此情况下，为保存力量，农民武装化整为零，疏散隐蔽，转入地下斗争。亭旁暴动发生在革命低潮时期，虽然很快失败，但是给广大劳苦大众以振奋和鼓舞，为党积累了在农村开展武装斗争的经验。中共中央在给浙江省委的信中说，"这次亭旁党部能够利用农民生活最痛苦时期""并且根据当时群众斗争要求与情绪，聚集农民武装用游击斗争方式去求群众斗争的扩大与发展，

亭旁城隍庙

中央认为是必要而且正确的策略"。[1]但中共中央也认为，这次暴动只注意军事行动，忽视发动群众工作，准备工作不充分；特别对于暴动以后红军如何行动和斗争缺乏打算，所以被国民党优势兵力一压迫，暴动遭到失败，这是一个值得记取的教训。

亭旁起义纪念馆

---

[1] 《中央致江浙〔浙江〕省委的信》（1928年6月），载《浙江农民武装暴动》，当代中国出版社，1996年版，第335页。

第三节 红十三军的斗争

金贯真

永嘉五尺村红十三军军部旧址

潘心元

1930年3月下旬，中共中央巡视员金贯真巡视了温州、台州后，赴上海向中共中央汇报了浙南红军武装斗争的情况。同月31日，中共中央致信浙南党组织，要求浙南党组织"坚决在浙南以永嘉、台州为中心，组织地方暴动，建立红军"。为贯彻中共中央指示，金贯真于4月中旬召开了中共永嘉中心县委扩大会议，会议决定将温州、台州、永康的游击队分别组编为浙南红军三个独立团，并在战略、策略和党的建设上作出了若干决议，为组建正规红军创造了条件。5月初，西楠溪红军游击队攻下永嘉枫林镇后，浙南红军游击总指挥部在"勉园"宣布成立中国工农红军第十三军，军长胡公冕，政委金贯真，政治部主任陈文杰，军部设在永嘉县五尺村。红十三军军部建立后，以各地游击武装为基础，先后建立了3个团。红一团团长雷高升，政委金国祥，共计3200多人，是红十三军中人数最多、战斗力最强的一个团。红二团团长柳苦民，政委杨敬鑅，共计约1200人。红三团团长程仁谟，政委楼其团，共计1500多人，是红十三军中武器最精良的一个团。红十三军是当时列入中央军委

缙云县城铁索桥

正式序列的全国 14 支红军之一。

红十三军建立后，在中共中央"赤化浙江"的思想指导下，主动出击，其中影响较大的战斗有：红一团于 1930 年 5 月 24 日攻入平阳县城，与国民党守军浴血奋战，共牺牲指战员 192 人，当时的《上海报》、苏联《真理报》都报道了这次战斗；8 月 31 日红一团占领缙云县城，还筹建苏维埃政权，3 天后主动撤离县城，这是红十三军百余次战斗中最成功的一次；9 月 9 日红一团袭取永嘉瓯渠。红二团在温岭、玉环、乐清等地进行大小战斗 30 余次。红三团在东阳、永康、缙云等地进行了多次战斗，其中缙云壶镇战斗规模最大。由于中共中央"左"倾错误思想的指导，红十三军的斗争遭到重大挫折，军长撤回上海，军政委、政治部主任先后牺牲。10 月，中共中央为加强对红十三军的领导，派潘心元作为红十三军政委到浙南，12 月，潘心元在玉环牺牲，中共中央恢复红十三军的工作严重受挫。1932 年 5 月，国民党在永嘉制造了"岩头事件"，诱捕杀害红十三军后期主要领导人雷高升等人，红十三军的斗争遭到失败。红十三军坚持斗争数年，最盛时达 6000余人，武装斗争遍及温州、台州、处州、金华地区的 20 余个县，经历大小战斗百余次。这期间浙南地区有 1700 多名共产党员和红军指战员为革命献出了生命，红十三军团以上的干部几乎全部牺牲。红十三军的斗争虽然失败了，但其伟大的历史功绩是不可磨灭的，红十三军战斗过的中心区域，后来都成为共产党活动的游击根据地。

第四节 红军抗日先遣队庆元、竹口战斗

1933 年下半年开始，国民党调集百万军队对中国共产党领导下的各革命根据地发动了第五次"围剿"。为了宣传中国共产党的抗日主张，缓解中央苏区反"围剿"的压力，1934 年 6 月，中华苏维埃共和国中央革命军事委员会决定红军第七军团改编为"中国工农红军北上抗日先遣队"（以下简称抗日先遣队），抗日先遣队内部仍保持军团建制：军团长寻淮洲，政委乐少华，参谋长粟裕，政治部主任刘英，全军约 6000 人，长短枪 3000 余支。抗日先遣队的主要任务是深入国民党统治区的深远后方，宣传推动抗日运动的发展，开展游击战争，建立新的苏维埃根据地，调动围攻中央苏区的国民党军队。7 月 7 日晚，抗日先遣队从瑞金出发，

抗日先遣队的传单

8月7日至9日，攻打福州城失利后，经闽东游击区于8月28日进入浙江庆云县境。国民党庆元县县长以为抗日先遣队只是"闽土匪数百人，枪仅半数"，未加严防。28日下午，抗日先遣队即一举攻克庆元县城，国民党庆元县县长弃城出逃。次日，抗日先遣队撤离庆元县城。

抗日先遣队离开庆元县城后，向庆元竹口挺进。此时，国民党浙江保安第三团、丽水保警大队和庆元县保卫团也都在竹口一带集结完毕。8月30日10时，抗日先遣队先头部队抵达竹口，国民党浙江保安第三团以为红军仅七八百人、枪半数，急追而来，以轻重机枪、迫击炮等强大火力向抗日先遣队发起10多次猛攻。抗日先遣队3个连坚守竹口背面的瓦窑阵地，同国民党军展开激战，击退国民党军一次又一次的强攻。傍晚，抗日先遣队后续部队到达竹口后，即调整战略，以一支突击分队经洋源迂回到国民党军的右翼，接近其指挥所，发起进攻。同时又派部队包抄了国民党军的左翼，对国民党军形成两翼夹击态势。国民党军受此攻击，猝不及防，阵脚大乱，指挥所被摧毁，所部被悉数击溃。此次战斗，抗日先遣队毙俘国民党军200余人，活捉国民党庆元县县长，缴获迫击炮2门、轻重机枪11挺、长短枪200余支。此战后，国民党浙江保安第二支队司令杜志诚弃兵潜逃，第三团团长畏罪自杀。竹口战斗，是抗日先遣队自瑞金出发以来最成功的战例之一，也是它进入浙江取得的第一次大捷，一时声威大振。随后，抗日先遣队转而进入福建浦城境内，由当地红军接应到达闽北苏区。

第五节　红军挺进师斋郎大捷

根据中革军委的指示电，1935年2月，在中共闽浙赣省委的帮助下，以红军抗日先遣队先头部队和突围部队为基础，迅速组建中国工农红军挺进师，全师共538人，编为3个支队和1个师直属队，粟裕任师长，刘英任政委，王永瑞任参谋长，黄富武任政治部主任。中革军委赋予挺进师的任务是："进入浙江境内，开展游击战争，创建苏维埃根据地，以积极的作战行动，打击、吸引和牵制敌人，保卫闽浙赣基本地区和邻近的根据地，并从战略上配合主力红军的行动。"挺进师成立后，师领导分析了浙江的地理和社会环境，决定选择以仙霞岭为中心的浙西南地区作为创建红军游击根据地的第一目标。2月下旬，挺进师从江西德兴的广财山出发，于3月上旬翻过武夷山，直入闽北苏区，为加强对挺进师活动区域党政军工作的统一领导，挺进师在闽北进行了整编，成立了由刘英、粟裕等9人组成的师政治委员会。23日到达浙江江山，26日，挺进师袭击了龙泉县溪头，歼灭国民党军1个排和1个保安中队，拉开了开辟浙西南游击根据地的战斗序幕。

浙西南地处闽、浙、赣3省边界，仙霞岭山脉中段，境内高山重叠，森林茂密，地形险要，具有重要的战略地位。红军挺进师为顺利开辟浙西南游击根据地，就必须给当地反动势力以有力打击。1935年三四月间，红军挺进师往返转战于浙闽边界，经过大小战斗几十次，歼灭了一批国民党地方保安部队和地主武装。但红军挺进师的活动也引起了国民党当局的极大震惊，他们妄想趁挺进师在浙闽边境立足未稳之际予以先行"剿灭"，以绝后患。当时国民党当局以为红军挺进师必将在龙泉河以南的浙闽边境立足，遂将龙泉河以北的浙江保安团纷纷南调，并令驻福建的国民党军第十师和第二十六师北进，实施南北夹击。4月下旬，红军挺进师在庆元县斋郎地区活动，斋郎地处庆元、龙泉、景宁三县边界的高山上。国民

庆元斋郎村

党当局命浙江保安第一团 1200 余人，福建保安第二团 1000 余人，在当地大刀会等近千名地主武装的配合下对挺进师进行分进合击。挺进师决定，集中一切力量，并发动斋郎村的群众帮助构筑防御工事，以迎战数倍于己的国民党军。4 月 28 日，挺进师以少胜多，挫败了国民党军的进攻，毙伤国民党军 300 余人，俘虏近 200 人，缴获步枪 150 余支，机枪多挺和子弹万余发，并以军事政治攻势完全瓦解了大刀会。但挺进师政治委员会委员王维信等 20 多人在战斗中牺牲。斋郎战斗是挺进师入浙后的关键一仗，迫使龙泉河以南的国民党军转攻为守，龙泉河以北则因兵力南调而空虚，为红军开辟浙西南游击根据地创造了条件。

第五章

抗日战争在浙江

抗日战争的全面爆发，使得浙江党组织的重建成为当务之急。随着中共浙江省第一次代表大会的胜利召开、省文化界进步人士的热情参与、台湾义勇队的加入，党在全省各地的建设进入了快速发展阶段。而浙东抗日根据地的开创，为新四军在浙东、浙西的顽强血战创造了有利条件。

第一节　中共浙江省委的重建和抗日救亡运动

刘英

　　全民族抗日战争爆发后，为适应抗日救亡形势的需要，浙江党组织把迅速恢复和重建党组织，壮大党的力量作为当务之急。1938 年 5 月，根据中共中央东南分局指示，决定撤销闽浙边临时省委和浙江省工委，成立中共浙江临时省委，刘英任书记。会议决定在全省成立浙南、处属、台属、宁绍和金衢 5 个特委，同时建立 50 多个县级党组织，以加强对全省党的工作的领导。同年 9 月，经中共中央批准，浙江临时省委转为正式省委。这也是时隔近 10 年，中共中央恢复了浙江省委建制。中共浙江省委的重建，对于在抗日烽火中壮大浙江党的组织、推动抗日救亡蓬勃发展，都极其重要。

　　浙江的中共组织非常重视对爱国青年的组织和领导，通过国民党省政府在许多县建立了政治工作队，到 1939 年 8 月，全省建立了 75 个县政工队，3 个省政工队，中共党员积极在政工队内开展建党活动，有 38 个县政工队建立了中共支部或小组，使大多数政工队实际上成为中共领导下宣传抗日救亡的群众工作队。

　　中共浙江省委非常重视文化界的抗日救亡工作，提出要"加强出版界与各报纸杂志的联系，及有计划地进行抗战的宣传与教育工作"，为领导和推动浙江抗战文化宣传活动的开展，1938 年 11 月，中共浙江省委决定成立文化工作委员会（以下简称浙江省委文委），骆耕漠为书记。当时，大批在文化界颇有影响的中共党员和进步人士云集金华，抗日救亡团体纷纷成立，最著名的是浙江省文化界抗敌协会，这是由骆耕漠等29名文化界人士发起成立的，协会在全省30余县建立了分会或筹备会，会员达2000余人。在出版方面，涌现出了大量抗日报纸杂志，其中大部分是由中共党员、进步人士和抗日青年创办的。如《东南战线》是浙江省委文委主办的综合性刊物；《青年团结》

抗战初期在金华出版发行的部分抗日刊物

是中共中央东南分局青年部的机关刊物；《浙江潮》由国民党浙江省政府创办，进步人士严北溟任主编；《民族日报》由国民党浙西行署创办，中共党员王闻识任社长，其总编和副总编都由进步人士或中共党员担任，社内成立了以王闻识为书记的中共特支，直属中共浙西特委领导。与此同时，为对救亡青年进行抗日教育，浙江党组织还选派中共党员在各地开设了诸多的抗日救亡书店，发行各种进步书刊。抗战初期，浙江党组织在金华设立了新知书店金华分店、生活书店金华分店；在丽水设立新知书店丽水分店；在绍兴设立绍兴战旗书店和嵊县群力书店；在温州设立生活书店特约分店、新知书店特约分店；在宁波设立新生书报社，抗战、抗建书店，等等。浙江成为全国抗日救亡运动开展得最好的省份之一。

第二节　台湾义勇队的抗日斗争

全民族抗战爆发后，流亡在丽水的台湾籍爱国人士李友邦在中共抗日民族统一战线政策的影响和"朝鲜义勇队"的启发下，

李友邦

台湾义勇队附设台湾医院

决定组织台湾义勇队，动员和组织散居大陆各省（以福建为主）的台湾同胞参加祖国抗战。1938年夏，李友邦向原浙江陆军监狱的难友骆耕漠提出自己的设想，骆耕漠当即向浙江省委书记刘英汇报，省委指示骆耕漠和中共党员张毕来协助李友邦筹建台湾义勇队。这项工作也得到浙、闽两省政府的支持。1939年2月，台湾义勇队在金华县城酒坊巷18号成立，李友邦任队长，张毕来任秘书。在此同时，又组建了台湾义勇队少年团，其成员都是台湾义勇队队员的子女，团长由李友邦兼任，刚从新四军教导队学习归来的中共党员夏云任指导员。台湾义勇队开始人数不多，后发展到200余人，成立了3个区队。随着义勇队人员的不断增加和党员的发展，在义勇队内秘密建立了中共支部，直接受省委统战部副部长吴毓领导。台湾义勇队以抗日救国为己任，活动的内容主要有：一是积极进行抗日宣传，创办《台湾先锋》《台湾壁报》等刊物，竭力宣传台湾是中国的领土，宣传台湾革命斗争的历史，在宣传抗战、促进台湾同胞民族意识的高涨、帮助大陆同胞了解台湾等方面，都发挥了积极的作用。义勇队队员还发挥懂日语的优势，到前线帮助士兵学习日语喊话、翻译日军文件、收集日军情报等，甚至直接到战场上向日军喊话，揭露日军的侵略本质，瓦解日伪军。二是做好医务工作，义勇队队员有许多是医护人员，他们先在金华城内设立医疗所，1940年7月，他们将医疗所扩建为台湾医院，还组织野战医疗队上前线执行救护任务，后来又在兰溪和衢州分别设立台湾医院为军民服务。三是做好发展经济工作，协助浙江省政府恢复和发展生产，派出技术人员筹备设立樟脑制造厂和药品生产基地，樟脑厂在丽水设有总厂，在丽水碧湖、松阳等地设分厂，生产出的樟脑油主要用于交通运输；还在金华等地协助建立药品生产合作社，生产麻拉利亚药水、疟疾丸、胃散等战场急需药品。1942年5月浙赣战役爆发后，台湾义勇队辗转进驻福建龙岩，在闽西、闽北一带继续坚持抗日的斗争。抗日战争胜利之后，台湾义勇队返回台湾。

台湾义勇队纪念馆外景

第三节　中共浙江省第一次代表大会

　　1938 年 11 月 6 日，中共中央扩大的六届六中全会作出决议，准备在不久的将来召开党的第七次全国代表大会。根据中共中央和东南分局的指示精神，中共浙江省委准备召开全省党代表大会，选举浙江省出席中共七大的代表，为此省委于 1939 年 2 月作出了《关于第七次全国代表大会准备工作的决议》，要求全省各级党组织做好宣传和选举工作。4 月至 6 月，浙江各级党组织广泛开展拥护中共七大的宣传活动，并完成了出席省党代会的代表选举工作。在此基础上，7 月 21 日至 30 日，中共浙江省第一次代表大会在浙南平阳县凤卧乡的冠尖和马头岗两地召开。出席会议的代表 26 名，列席代表 9 名，代表全省近 2 万名党员。刘英代表省委致开幕词，并代表省委作政治报告和两年来浙江工作的书面总结。大会充分肯定了两年来浙江党的工作，并根据浙江政治形势提出了 7 项紧急任务。大会通过了《关于目前抗战形势与浙江党的任务的决议》《国际国内形势问题》《党的建设问题》等一系列文件。大会以无记名投票的方式选举产生了新的中共浙江省委，刘英任书记，汪光焕、薛尚实、龙跃为常委，大会还选举刘英、

中共浙江省一大会址之一——马头岗村　　中共浙江省一大会址之一——冠尖村

汪光焕、龙跃等 12 人为浙江省出席中共七大的正式代表。中共浙江省第一次代表大会，是新民主主义革命时期浙江党组织召开的唯一一次全省党代表大会，大会总结了抗战以来浙江党的工作，部署了今后的任务，对于统一和加强浙江党的领导，巩固党的组织，坚持团结抗日，作出了重要贡献。

第四节　浙东新四军血战大鱼山岛

根据中共中央和华中局的指示，1942 年 7 月在慈溪建立了中共浙东区党委，谭启龙为书记，这是开辟浙东抗日根据地的最高领导机构。8 月又建立了三北游击司令部（后改称新四军浙东游击纵队），何克希任司令员、谭启龙任政委，统一整编浙东抗日武装，当时全体指战员共 1510 人，拥有轻重机枪 36 挺，长短枪878 支，这是开创浙东抗日根据地的骨干力量。

为贯彻浙东区党委"分散活动，向敌后发展"的战略决策，新四军浙东游击纵队决定开辟海上游击根据地，并将这一任务交给海防大队。海防大队大队长张大鹏和政委吕炳奎等经过侦察研究，决定先到大鱼山岛，然后到马目或长白，再进到长涂、岱山等地，最后挺进舟山本岛。根据这一计划，1944 年 8 月 19 日，海防大队第一中队 70 余人在大队副陈铁康率领下，分乘 5 艘帆船，从三北古窑浦启航向大鱼山岛进发。大鱼山岛位于舟山本岛西北部，面积不足 10 平方千米，因形状似鱼而得名。大鱼山岛并未驻有日军，只驻有伪舟山保安总队的 1 个分队，分队长张阿龙。21日，海防大队第一中队一登上大

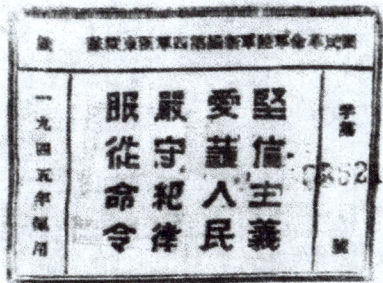

浙东游击纵队臂章

鱼山岛，即被张阿龙告密。25日清晨，200多名日军和300多名伪军分乘2艘军舰、5艘汽艇和5艘机帆船，在2架飞机的掩护下，向大鱼山岛扑来。海防大队第一中队指战员以小西洋岙为中心，在打旗岗、湖庄头、大岙岗设立3个阵地，互为犄角，准备迎敌。8时许，日伪军在炮火和飞机的掩护下，从大鱼山岛南北两头登岛，登陆后又分兵3路，围攻浙东新四军的3个阵地。虽然力量对比悬殊，但海防大队第一中队毫不畏惧，英勇反击，与日伪军激战3个小时，打退了敌人的进攻。午后，日伪军改分兵进攻为集中击破战术，先集中兵力攻击打旗岗，继之湖庄头、大岙岗。这样，海防大队第一中队3个阵地先后失守。在大鱼山岛战斗中，海防大队第一中队虽然毙伤日伪军70余人，但战斗极为惨烈，中队损失惨重，除少部分战士突出重围，被当地群众隐蔽起来外，包括陈铁康在内的42名指战员英勇牺牲。指导员严洪珠身负重伤后，掩护战友撤退，当日军冲上山岗时，他用最后一颗子弹壮烈自殉。机枪手史铁山已身负重伤，打完最后一梭子弹后，跳出战壕与敌

大鱼山岛战斗旧址

人展开白刃战，直至战死。还有一名战士，身揣两颗手榴弹，待敌人接近时，引爆手榴弹，与敌人同归于尽。大鱼山岛之战，得到了国内的广泛关注和好评，延安新华社发了专电，《解放日报》也刊发了消息。《新浙东报》也曾著文表彰，浙东游击纵队办的《战斗报》社还编印了《血战大鱼山》的连环画。新中国成立后，血战大鱼山被称为"海上狼牙山"之战。

第五节　浙西新四军第三次反顽战

为贯彻中共中央发展东南的战略决策，1944 年 12 月下旬，新四军第一师师长粟裕率一师主力南下，于 1945 年 1 月 6 日到达长兴仰峰岕，与新四军第十六旅会合。13 日，新四军军部转发了中央军委命令：成立新四军苏浙军区，任命粟裕为军区司令员，刘先胜为参谋长（后增叶飞为副司令员、钟期光为政治部主任），统一指挥浙西、苏南与浙东新四军。苏浙军区下辖第一、第二、

新四军苏浙军区成立大会会场

第三、第四纵队。

　　苏浙军区在向东南发展时，遭到国民党第三战区顽军优势兵力的拦截和进攻，新四军被迫奋起自卫还击。自1945年2月至3月，先后取得浙西天目山两次反顽自卫战的胜利。5月，德国法西斯无条件投降后，盟军在中国沿海登陆的意图更为明显。国民党为阻止新四军接应盟军，千方百计想把新四军赶出江南。于是，第三战区集结42个团6万余兵力，以第二十五集团军总司令李觉为前敌总指挥，发动对新四军苏浙军区的第三次进攻。当月下旬，顽军以1个师进至富春江以北地区，妄图切断浙西新四军从天目山跃进金萧地区与浙东新四军的联系，以另1个师向孝丰进扰，杭嘉湖的顽军向莫干山地区进逼，顽军主力则向於潜（今属临安）、宁国集结。为打乱顽军部署，浙西新四军先发制人，由第一、第三、第四纵队各1个支队经三整晚激战，击垮国民党军第七十九师，6月2日攻占新登城，3日，顽军反攻新登时，新四军再歼其一部。4日，新四军主动撤离新登，退往临安，继而8日再撤离临安退往孝丰，制造向北溃退的败象，诱使顽军跟踪追击。9日，国民党第三战区司令长官顾祝同电令李觉肃清东、西天目山新四军并筑碉堡固守，主力组成左右两个"进剿"兵团，分由临安、宁国两地向孝丰分进合击：右兵团由第七十九师、突击第一队、突击第二队组成；左兵团由第五十二师、第一四六师、独立第三十三旅、挺进第二纵队、绥靖第一纵队、绥靖第二纵队组成。浙西新四军决定采取各个击破的战术，先集中兵力围歼孤军深入的左路顽军，再伺机

参加反顽自卫战的第一纵队第一支队特务营机炮连

扩大成果。20日，浙西新四军6个支队向左路顽军发动进攻，只用1天时间就将顽军击溃。21日下午，浙西新四军主力东移，将顽军右兵团包围于孝丰城东南草明山、白水湾、港口等狭小地域内，至23日，歼灭其大部。这次围歼战，共击毙顽军3500余人，俘2374人。至此，浙西抗日根据地第三次反顽自卫战胜利结束，彻底粉碎了国民党顽固派妄图聚歼苏浙军区主力、驱逐新四军出江南的阴谋。

第六章

走向解放之路

　　解放战争时期，浙江全省人民武装力量和游击根据地迅速扩大，与国民党反动派的激烈战斗在各地全面展开。"于子三事件"的全面爆发，推动了浙江的知识分子与大学生更加团结积极地加入反蒋统一战线。1955 年 2 月 26 日，解放军登上南麂山岛，至此，浙江全境解放。

第一节　浙东人民解放军第二游击纵队的成立和天台、三门战斗

全面内战爆发后，经过艰苦的斗争，至 1948 年底，浙东游击根据地的党和武装都获得了长足发展，四明、会稽、台属、金萧、路南等地区已打通联系，连成一片。为更好地适应解放大军即将南下的形势，中共浙东临工委决定浙东各地的人民武装共 700 余人在新昌县回山村会师。1949 年 1 月 25 日，浙东临工委在新昌回山村举行扩大会议。会议通过了《关于浙东胜利前夜的形势和我们的任务》，并决定成立浙东人民解放军第二游击纵队，马青任司令员，张瑞昌任政委，这是浙东人民游击武装的最高指挥机关，浙东第二游击纵队下辖 6 个支队。根据浙东临工委扩大会议关于集中力量解放小城市的决议，浙东游击纵队决定攻打天台、三门两座县城。为迷惑和麻痹天台的国民党守军，浙东游击纵队从新昌向南移师至东阳尖山、申宅、楼下宅等地，同时进行攻城训练。而中共嵊（县）新（昌）东（阳）工委则在新昌回山组织了民工队、担架队，做攻打天台县城的后勤准备。1949 年 2 月 10 日拂晓，浙东游击纵队在内应配合下，经 2 小时战斗，一举攻克天台县城，歼国民党守军 300 多人，缴获轻机枪 7 挺及其他大批军用物资，浙东游击纵队仅伤亡 4 人。11 日，国民党浙保 1 个营前来反扑时，部队按原计划撤出县城，上天台山休整。攻打天台的战斗是解放战争以来浙江地方武装第一次攻克县城的战斗，这次战斗不仅使浙东部队获得大

浙东人民解放军臂章

量给养，而且得到了攻坚锻炼，增强了信心，极大地鼓舞了浙东军民的斗志。在奉化溪口的蒋介石闻讯后，不得不调青年军1个师来加强溪口的防御。2月17日，浙东游击纵队又兵分两路，分头攻打三门县城海游镇和亭旁镇，经半小时战斗，攻克两镇，共歼国民党军近200人，还活捉了国民党三门县县长，缴获机枪7挺及一批军需品。当天，中共三门县委和县政府成立。第二天，国民党浙保部队200余人进逼三门珠岙，妄图"收复"三门县城，在遭到浙东游击纵队阻击后，仓皇逃遁。此后，国民党军再也不敢进犯三门，三门成为浙江第一个解放的县城。

第二节　浙南游击纵队的成立和泰顺攻城打援战

自全面内战爆发后，浙南人民武装和游击根据地得到迅速扩大，为了便于根据地内各支武装力量的统一指挥，1948年11月25日，中国人民解放军浙南游击纵队在瑞安县板寮宣布成立，龙跃任司令员兼政委，下辖3个支队、1个独立大队和1个警卫大队。

浙南游击纵队成立后，所属各部队迅速出击国民党统治的各据点。至1948年底，浙南游击根据地已发展到东临东海，南到福建霞浦、福安交界地带，西连云和、龙泉、庆元边境，西北达丽水境内，并与缙云相连，北接台州的灵江沿线。浙南游击纵队已发展到2000人左右，连党政及地方工作人员在内达3000人以上。

在解放战争胜利形势的鼓舞下，浙南游击纵队在瓯江南北向国民党军队展开强大攻势。在瓯江以南，以第一支队为主力，在第二、第三县队配合下，攻打泰顺县城最为成功。1949年2月17日晚，

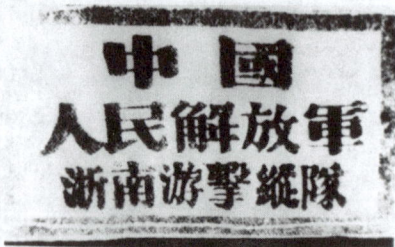

中国人民解放军浙南游击纵队臂章

浙南游击纵队第一支队第一、第三中队，浙南第二、第三县队，浙南地委警卫队第三分队及青（田）景（宁）丽（水）县警卫队共 400 余人，对泰顺县城发起进攻。18 日拂晓，浙南游击纵队攻入城内，占领国民党县政府机关、警察局、邮局和军火库，缴获大量军用物资。部分国民党军及国民党泰顺县县长则龟缩在城北部的一个主碉堡里，顽抗待援。19 日，国民党浙保第二团第三营及第二营一部从文成出发，增援泰顺。为歼灭国民党增援部队，浙南游击纵队放弃了对碉堡的攻击，当夜撤至县城东北的洪尾溪一带，准备伏击。22 日上午，浙南游击纵队在南山岭对国民党浙保部队形成包围，经 3 个多小时激战，歼灭国民党浙保部队大部，其残部 100 余人逃往筱村吴山一带时，又被当地民兵围歼，除副营长只身逃走外，其余无一漏网。泰顺攻城打援，历时 6 天，共击毙国民党军 52 人，伤 22 人，俘 290 人，缴获六〇炮 2 门，重机枪 2 挺，轻机枪 22 挺，长短枪 230 余支及大量弹药。这次战斗是浙南游击纵队成立以来的一次空前大捷，是浙南解放战争中将攻坚战、运动战及攻城打援作战结合得最好的范例之一。这次胜利，得到了中共中央华东局和闽浙赣省委的嘉奖。

第三节　于子三事件

1947 年夏，人民解放战争从战略防御转入战略进攻阶段，极大地鼓舞了国统区人民的爱国民主运动，而国民党则更变本加厉地采取高压政策和血腥镇压。中共中央为加强对国统区爱国民主运动的领导，发出了《关于蒋管区群众斗争方针的指示》。根据中央指示，中共中央上海局青年组调整了浙江大学党支部，发展中共党员 30 余人。在中共党员的指导下，浙江大学自治会着手进行理事会普选的筹备工作，10 月 23 日，通过了《浙江大学学生自治会选举章程》。但是，26日，国民党浙江中统室特务在杭州大同旅馆突然逮捕了于子三和另3名学生。于子三是浙江大学农艺系四年级学生，虽然不是中共党员，却是学生自治会主席和进步社团"新潮社"的实际负责人。在国民党特务的严刑威逼下，于子三坚不吐实，于29日在省保安司令部监狱被迫害致死。于子三被害后，激起了浙江

于子三

大学广大师生的强烈愤慨。30日，浙江大学召开全校学生紧急大会，谴责国民党的法西斯暴行，决议把民主广场改为"子三广场"，把图书馆改名为"子三图书馆"，并组织1000余名学生，以"冤沉何处"的大横幅和于子三遗像为先导，分批瞻仰于子三遗容。同时，还发表罢课抗议宣言，宣布自本日起罢课3天。11月4日，浙江大学校长竺可桢赴南京，向国民党教育部申诉情况，并向记者发表谈话，说明于子三事件的真相。8日，浙江大学发表长篇文告《天堂血泪》，10日又发表《为反对非法逮捕、反对残杀学生、反对特务暴行，继续罢课再告全国同胞书》，宣布从本日起罢课1周。17日，浙江高等法院判处与于子三同时被捕的3位学生每人7年有期徒刑，更引起学生和各界的极大义愤。浙江大学学生宣布从20日起再次罢课3天。1948年1月4日为于子三出殡之日，大批国民党军警包围了浙江大学，打伤学生几十人，广大学生奋起还击，当场抓获10人，并把其余的特务、打手赶出学校。"于子三事件"发生后，在中共中央上海局的统一领导和发动下，使该事件引发的反迫害运动由杭州迅速扩展到整个国民党统治区，形成了全国性的"反迫害、争自由、求生存"的反蒋浪潮。从10月底至11月下旬，整个国统区共有20多个大城市的大专院校及中学共15万学生参加了各种形式的声援活动。"于子三事件"和反迫害运动，是党领导的全国性爱国民主运动的重要组成部分，

它进一步揭露了国民党统治的反动本质，扩大了反蒋爱国统一战线，给了国民党反动统治以沉重一击。

第四节　中共杭州市委的建立和护厂、护校、护桥斗争

随着解放战争形势的迅猛发展，加强对城市工作的领导，为接管城市做准备，成了国统区中共组织的重要任务。1949年3月，中共中央上海局决定建立中共杭州市委，由林枫担任书记。

杭州市委成立后，立即发出了"反破坏、反迁移、保卫城市建设、迎接大军解放"的指示，同时在职工委员会下建立各基层党组织，如铁路支部、电信局支部、教育支部等，对国民党重要人士和重要工厂、企业的资本家，开展统战工作，教育他们认清形势，保护好工厂、学校，迎接解放；各级党组织还广泛发动群众，成立护厂、护校组织，与国民党的搬迁和破坏阴谋作坚决的斗争。在杭州市委的领导下，全市有30多个较重要的工厂以及电台、报社等，组建了应变委员会、安全委员会、纠察队、护厂队等组织，开展护厂、护校，保卫国家资财的斗争。

1949年4月底，国民党浙江当局准备炸毁杭州电厂，在党组织和工人的努力下，这座有1.5万千瓦发电能力、杭州唯一的发电厂被完整地保存下来了。华丰造纸厂工人在中共党员的领导下，成立了护厂队，严防溃兵和国民党特务进

保存完好的杭州闸口发电厂

入厂内破坏。在杭州最大的纺织企业杭州第一纱厂,中共党员组织了一批进步工人和技术人员,迫使厂方接受了护厂方案,成立了护厂委员会。电信局党支部组织积极分子日夜轮流值班,防止破坏,还用电台与南下解放大军取得了联系,向大军介绍了杭州的情况。浙江大学广大师生员工在党组织领导下,掀起了护校运动。1948年12月11日,在浙大党总支的直接领导下,浙大学生自治会发表了《为坚持不迁校告师长同学工友书》,公开号召广大师生团结起来,保护学校,迎接解放。在浙大护校斗争的影响下和杭州市委青年工作委员会及大专区委、中学区委的推动下,1949年3月至4月,全市有20多所学校建立了应变会(后均改称为安全会)。钱塘江大桥是国民党撤逃前破坏的重点,杭州市委把保护大桥的工作放在十分重要的位置,市委派人争取到了浙赣铁路局工程师与桥工队的支持,对负责炸桥的工兵营长进行统战工作,使其答应撤下炸桥的大部分炸药,最终保护了大桥。

第五节 一江山岛战役与浙江全境解放

浙江大陆解放后,国民党部队纷纷逃到沿海岛屿。1950年5月,舟山群岛解放,浙江沿海仍有20多个岛屿被国民党残部占据。1952年1月,洞头解放。在此前后,解放军还攻占了大小鹿山、鸡山、洋屿、高塘、南韭山、檀头等诸多岛屿。1954年7月,中央军委命令华东军区以空、海军进攻大陈岛,并以一部陆军部队攻占一江山岛,以打击美蒋协防阴谋,为后续解放其他岛屿创造条件。8月下旬,华东军区在宁波组建了浙东前线指挥部,张爱萍任司令员,统一指挥海、陆、空三军解放一江山岛。一江山岛位于浙东沿海,主要由南一江、北一江两个岛屿组成,面积约为1.7平方千米。据守该岛的国民党军为"一江山地区司令部",共有

1000 余人。从 1954 年 11 月开始，解放军空军先后出动飞机 297 架次，对大陈、一江山守敌的重要军事目标进行空袭，并在远距离上空拦截敌机；海军以巡航、伏击、拦截等手段打击敌舰；海岸炮兵进行有目标的炮击。至

解放军登上一江山岛

1955 年初，解放军击伤击沉国民党舰 15 艘、击伤击落敌机 29 架，取得了大陈地区的制空权和制海权。1955 年 1 月 18 日，海、陆、空三军协同作战，发起对一江山岛登陆作战。这是新中国成立后第一次三军联合作战。在强大的海、空火力和炮兵火力的掩护、支援下，经 7 个多小时激战，解放军登陆部队一举摧毁国民党军的坚固防御工事，胜利攻占一江山岛。19 日凌晨，一江山岛上的残敌全部被肃清，战役胜利结束。此次战役，全歼守敌 1086 人（其中毙敌 519 人，俘虏 567 人），缴获各种火炮 53 门，火箭筒 27 具，轻重机枪 98 挺，各种枪支 834 支，以及大批弹药和军用物资。战斗中，解放军作战部队也付出了重大代价，共伤亡指战员 1417 人（其中牺牲 454 人，伤 963 人）。一江山岛解放后，大陈岛等地的国民党军极度恐慌，于 2 月 8 日至 25 日，在美军的帮助下仓皇撤逃台湾，并裹挟岛上大批居民同去台湾。解放军乘胜出击，先后解放披山、大陈和北渔山岛，2 月 26 日解放南麂山岛。至此，浙江全境解放。

第七章

社会主义建设道路上的浙江实践

中华人民共和国建立之初，浙江省在党的领导下积极探索社会主义建设之路，从新中国第一个居民委员会，到新安江水电站建设；从永嘉的包产到户试验工作，到诸暨"枫桥经验"的实践积累。浙江作为五四宪法的起草地，无不透露着对社会主义建设之路的热情与思考。

第一节　第一居委会

1949 年 10 月 23 日晚，人力车夫出身的普通工人陈福林，来到离家不远的西牌楼小学会堂。这里正在举行上羊市街（今杭州上城区江城路一带）居民委员会干部选举会。

伴随着杭州的解放和新生人民政权的建立，国民党政权虽然在全国范围内被推翻，但地方反动残余势力的活动仍十分猖獗，作为旧政权统治基础的保甲制仍未废除，很多保甲长仍对旧政权念念不忘，不配合人民政府工作。这促使人民政府在开展巩固新生人民政权、恢复国民经济的工作中，将废除保甲制，建立新生的人民基层政权——居民委员会提上了议事日程。10 月 11 日，杭州市召开了第一次区局长联席会议，市长江华宣布，在 12 月底前，一律取消保甲制度，建立居民委员会、居民小组。会议对市民政局提出的居民委员会筹建方案进行了热烈讨论，决定在上城等地先行试点。2 天后，上城区公所依照市政府的指示开始废除保甲制，建立民主的居民委员会的工作。经过紧张准备，杭州市第一个居民委员会很快在上羊市街选举产生。

当陈福林走进会堂时，200 余名居民代表已基本到齐，原来这一带的 27 个保长也在讲台右侧落座。选举会由上城区区长田奎荣主持。会上，一张张选票发到居民代表手中。那选票是油印的小纸条，约 8 厘米宽，18 厘米长，选票上共有 21 名由群众推选产生的候选人，要从中选出 9 名居委会委员。陈福林以 220 多票当选为居委会主任，毕业于上海法政学校的陈道彰以 208 票当选为副主任。其他 7 名委员，有木匠、女工、中学女教师、银行经理和茶店老板，基本包括了各个阶层，具有广泛的代表性。

上羊市街居委会下辖 2250 户，居委会所辖 40 个居民小组，每组约有居民 50 户左右，公推组长 1 人，副组长 2 人，帮助政府传达政令，反映民意，协助处理治安、卫生等工作。同年 12 月，因不符合市政府关于管辖户数的要求，上羊市街居委会被分拆为 13 个居委会。"上羊市街居民委员会"的名称，一直沿用到 2000 年。2001 年起，归属于杭州市上城区紫阳街道。2007 年 9 月，民政部开展向社会公开征集"新中国第一个居民委员会"的举证和论证工作。经过近一年的资料征集和考证，2008 年 6 月 28 日，民政部正式宣布：1949 年 10 月 23 日成立的杭州市上城区"上羊市街居民委员会"，是新中国第一个居民委员会。

第二节　制定五四宪法

1953 年 12 月，宪法起草小组离开北京到达杭州，他们此行的主要任务是起草中华人民共和国第一部宪法。

宪法起草小组在充分准备的基础上，制定了详细的工作计划，报经中央批准后便着手开始宪法起草工作。2 月中旬拟出了宪法草案的初稿，2 月 24 日修改出了二读稿，26 日修改出了三读稿。24 日、26 日，毛泽东分别两次致信刘少奇谈宪法草案初稿的修改情况。3 月 9 日，起草小组又提出了第四稿。至此，宪法起草小组完成了第一阶段的任务，为中共中央政治局会议进一步讨论修改宪法草案提供了一个比较成熟的稿本。

3 月 23 日，中华人民共和国宪法起草委员会第一次会议完全接受了这个初稿，并决定广泛征集各方面的意见，在全国范围内开展对宪法的讨论。3 月 25 日，中共中央发出通知，要求各大行政区，各省、自治区、直辖市和 50 万人以上的省辖市，广泛地进行对宪法草案（初稿）的讨论。

6 月 11 日，宪法起草委员会召开第七次会议，对宪法草案的全部条文作最后审查，一致同意将它提交中央人民政府委员会。宪法草案的通过，标志着宪法起草工作胜利结束。6月14日，在中央人民政府委员会第三十次会议上，通过了《中华人民共和国宪法草案》和《关于公布中华人民共和国宪法草案的决议》。

1954年9月20日，第一届全国人民代表大会第一次会议全票通过了《中华人民共和国宪法》。

第三节　新安江水电站建设

新安江流域具备建造大型水电站的优越条件。

为了新中国的建设之需，燃料工业部和浙江省人民政府于1952年秋着手开展新安江水力资源勘测调查。1954年8月，编成技术经济调查报告。1955年春，由上海水力发电勘测设计院负责全面勘测设计工作，并于当年11月选定建德县境内的铜官峡谷上段为电站初步设计坝址。

1956年5月，电力工业部新安江水力发电工程局成立，组建完成新安江水电站工程建设施工队伍。6月20日，国务院正式批准将已列为国家第二个五年计划（1958—1962年）的建设项目——新安江水电站工程（代号403工程），提前列入第一个五年计划（1953—1957年）和1956年计划。

新安江水电站工程是在中国缺乏建设大型水电站经验、国家经济基础相当薄弱的情况下启动的。1957年4月1日，电站主体工程开工。施工高潮期的1958年，平均月出工人数近1.7万人，1959年4月最高时达2万人以上。1959年9月21日，大坝截流，开始蓄水。电站施工经历了一个土法上马，从土到洋，土洋结合的过程，从人力加小机械开始，发展到土石方开挖、砂石料采掘及混凝土拌和、运送、浇捣实现机械化、系统化的过程。建设期间，周恩来总理曾于 1959 年 4 月为新安江电站题词："为我国第一座自己设计和自制设备的大型水力发电站的胜利建设而欢呼！"

整个工程进度快、质量好、投资省、效益大，反映了国家水电建设的优异水平，其在科研、设计、施工、设备制造等方面的创新和发展，为国内水电建设积累了经验，也为国内水电建设培育了人才。1960 年 4 月 22 日，第一台 7.25 万千瓦水轮发电机组（4 号）投产，向浙西地区 110 千伏系统送电。之后，相继有 7 台机组投入发电。直至 1977 年 10 月，最后一台机组（8 号）投产。电站最终为 9 台机组，装机总容量 66.25 万千瓦。1978 年，新安江水电站工程荣获全国科学大会科技成果奖。

新安江水电站是中国第一座自行设计、自制设备、自己施工建造的大型水力发电站，被人们誉为"长江三峡的试验田"，是社会主义制度能够集中力量办大事的范例，是中国水利电力事业上的一座丰碑、中国人民勤劳智慧的杰作。

第四节　永嘉包产到户

1956 年 5 月，中共永嘉县委在雄溪乡燎原社进行农业生产产量责任制的试验，由此在中国首创"包产到户"。

浙江快速实现农业初级合作化以后，急剧扩大的生产规模使相当多的合作社在经营管理上出现不同程度的混乱。为解决"生产大呼隆，干活一窝蜂"的困境，永嘉县委把如何搞好生产管理、办好农业合作社作为农村的中心工作来抓，指导区、乡开展农业生产责任制的探索。

1955 年下半年，县委农村工作部干事戴洁天在仰义乡澄沙桥村的"文武""文庄"两个初级社带领社员进行小段包工、按件计酬的试验。1956 年 1 月，戴洁天又被派到三溪区潘桥基点乡协助建社。在总结经验的基础上，戴洁天写出了专题报告，中共温州地委对此予以肯定。

为了更好调动农民生产积极性，县委书记李桂茂大胆拍板，决定派戴洁天率工作队到雄溪乡燎原社进行队以下产量责任制试验。经过夜以继日地辛勤运作，燎原社最终确定了"三包到队、责任到户、定额到丘、统一经营"的责任制，其做法就是"队向社包工包产，户向队负责专管田上分摊的包产量"，包产量核算到每丘田，合起来就是队包产指标。而计划管理、定额管理的决定权在社，"社决定、队掌握、户执行"。主管农业的县委副书记李云河将这种管理方法命名为"包产到户"。方法同时明确规定："一切主要生产资料，仍然是集体所有"；对于"从事农业劳动确有困难的户，结合发展多种经营，尽量安排劳动出路，使收入渐趋平衡，达到大家富裕的目的"；社员在负责本户产量的基础上可自行安排家庭副业生产等。

这一办法实行后，社员的生产积极性大大提高，全社耕种面积扩大 8%，春粮增产 40%，积肥比周围 4 个合作社的总和还高出 3 倍。

永嘉县委非常重视燎原社包产到户的方法和经验，布置全县开展多点试验包产到户的工作。戴洁天向县委报送了《燎原社包产到户总结》，经县委正式上报温州地委，这是中国第一份对包产到户的系统总结。

对于包产到户，广大人民群众认为"好得很"，但也有一些人认为"糟得很"，由此引发了一场大辩论，并受到了错误批判，参与包产到户试验的人员也受到严肃的处理。

中共十一届三中全会以后，包产到户终于得到正名。

第五节 "枫桥经验"

1963 年 5 月，中共中央制定了社会主义教育运动的纲领性文件——《关于目前农村工作若干问题的决定（草案）》（以下简称"前十条"）。中共浙江省委为贯彻"前十条"，组成省委工作队，在诸暨枫桥区的枫桥、新枫、视北、视南、栎江、檀溪和东溪等 7 个公社开展社会主义教育运动的试点工作。

在试点工作中，省社会主义教育工作队引导社、队干部统一了对敌斗争的方针政策的认识。7 个公社以生产队为单位，由全体社员对"四类分子"进行"全面评审、重点斗争"，根据他们的实际表现区别对待。先评守法的，给予适当鼓励；基本守法的，指出好的地方，批评其不足之处；有一般违法行为的，给予严厉批评；对有严重破坏行为的，作为评审的重点，由群众批判斗争。最后，枫桥区没有逮捕一个人，就制服了有违法行为的"四类分子"。

时值公安部领导到浙江指导工作，发现枫桥区在社会主义教育运动中没有捕人，依靠群众用说理斗争制服"敌人"的经验，就向正在杭州的毛泽东作了汇报。毛泽东听后指示要好好总结这个经验。公安部派人到枫桥进行了实地调查，最后形成了《诸暨县枫桥区社会主义教育运动中开展对敌斗争的经验》，即"枫桥经验"。

1963 年 11 月，在全国人大二届四次会议上，公安部作了题为《依靠群众力量，加强人民民主专政，把绝大多数"四类分子"改造成新人》的发言，向全国推广"枫桥经验"。11 月 20 日，毛泽东对该文件批示："要各地仿效，经过试点，推广去做。"由此，一场轰轰烈烈的学习推广"枫桥经验"的热潮在全国展开。

"枫桥经验"的基本内涵和精神实质是发挥政治优势，相信依靠群众，加强基层基础，就地解决问题，减少消极因素，实现和谐平安。几十年来，"枫桥经验"在推广应用中不断创新发展，凝聚了枫桥广大干部群众在社会治安治理工作实践中的创造。

第八章

改革先行

　　在 20 世纪 80 年代的改革开放初期，与时俱进的浙江省走出了一条独具特色的富民强省之路，民营经济在全省遍地开花。这里有海盐步鑫生改革故事，有义乌兴商建县发展战略，还有"宁波帮"，温州模式等改革先锋。在中央的支持下，"乡镇企业"让浙江的经济发展重现活力。

第一节 步鑫生改革

1983 年 11 月 16 日，《人民日报》的一篇以中共中央总书记胡耀邦批示为"编者按"的报道《一个有独创精神的厂长——步鑫生》，让海盐衬衫总厂的改革事迹迅速走向全国。

海盐衬衫总厂属县二轻系统大集体企业，创业于 1979 年 10 月。其前身是成立于 1954 年的武原镇西大街缝纫小组。1979 年 12 月，步鑫生当了副厂长；1981 年 6 月，担任厂长。

步鑫生在海盐衬衫总厂改革的主要举措有：改革"大锅饭"的分配制度，在车间实行"联产计酬制"；改革"铁饭碗"的用工制度，规定严重影响生产秩序、屡教不改者除名，不顾产品质量、态度恶劣者除名；改革不合理的劳保福利制度，规定请假不发工资，若真生病要出步鑫生来决定是否补贴；狠抓产品质量，规定做坏一件衬衫要赔两件；扩大产品销售渠道，每年都要召开订货会；打响衬衫的牌子，为自己的产品在上海等大城市做广告；讲究工作效率和速度，厂长出差可以坐飞机，可以包出租车。

经过步鑫生的初步改革，企业的面貌发生了巨大的变化：1982 年，海盐衬衫总厂以年产 85 万件衬衫的能力步入著名衬衫厂行列。1983 年，全厂生产衬衫 100 多万件，工业总产值达 1028 万余元，实现利润 52.8 万元，上缴国家税款 49.5 万元，分别比改革前的 1978 年增长了 4.3 倍、4.2 倍和 2.6 倍，一举成为海盐县第一家产值超千万元的企业和全省服装行业重点企业之一。

省委肯定了步鑫生的改革精神。此后，"学习步鑫生热"在全国悄然兴起，激发了全国大多数企业的改革热情，步鑫生的改革经验在全国得到广泛推广，使中国城市经济改革打破了沉闷的局面，呈现出蓬勃发展的态势。

1984 年 5 月，步鑫生被增补为全国政协委员。1985 年 1 月，他被《半月谈》杂志评为"1984 年度全国十大新闻人物"之一。2008 年，步鑫生被中国企业联合会和中国企业家协会评选为在全国企业改革中作出突出贡献的 109 位企业家之一。2018 年 12 月 18 日，在庆祝改革开放 40 周年大会上，中共中央和国务院授予步鑫生同志"改革先锋"称号。

第二节　义乌市场建设

1982 年 4 月，"义乌小商品市场催生者"谢高华从衢州调任义乌县委书记。谢高华到义乌后的第二个月，就被摊贩拦在县委机关大院门口讨要说法。这促使谢高华开始认真思考。他派出工作组，对农村状况进行调研。

谢高华又带队去市场发展更早的温州考察。考察回来，他进一步坚定了开放义乌市场的决心。但在决定开放义乌市场前，国家对能不能搞自由市场还没有出台明确的政策，农民经营仍被视为"投机倒把，走资本主义道路"。因此当地不少干部怕担责任，顾虑重重。谢高华在一次县机关大会上表态："开放小商品市场，出了问题我负责，我宁可不要'乌纱帽'！"

最终，义乌县委常委会统一了思想，县委班子集体表态：划出一条街，从义乌湖清门到火车站，让老百姓集中摆摊，出了问题集体负责。

1982 年 8 月，义乌县委、县政府发布《关于加强义乌小百货市场管理的通告》，投资 9000 元铺设了 705 个露天的水泥板摊位，9 月 5 日，小百货市场宣布开放，这就是义乌第一代小商品市场。

义乌小商品市场因在全国率先开放而抢占了商机。到 1982 年底，市场已有 30 多个大类 2000 多种小商品，吸引了国内 10 多个省份的客商前来采购。

市场放开后，谢高华发现义乌农民进城经商愿望很强烈，由于以前并不允许农民"弃农经商"，许多人跑到上海、广州，甚至偏远地区长途贩运。

于是，义乌县委顺势而为，给农民"松绑"。又提出"四个允许"：允许将承包的耕地转包给他人；允许带、聘三到五名学徒、助手；在完成统派购任务以后，允许将剩余产品拿到市场上议价出售；在政策规定范围内，允许长途贩运。

在这种默许的环境下，义乌县委、县政府积极作为，开通了到杭州、上海、郑州、广州甚至新疆的班车。交通的便利，进一步激发了义乌农民外出经商的热情。

1984年10月，义乌县委、县政府受党的十二届三中全会"发展社会主义商品经济"精神的鼓舞，果断提出"兴商建县"发展战略，把市场摆在义乌经济社会发展的龙头地位，把商贸业作为义乌的主导产业，大力发展小商品市场，推动义乌市场发展进入一个新阶段。

随着义乌撤县建市，"兴商建县"变成"兴商建市"，内涵也不断与时俱进。实现市场与产业、城市的联动，从而推进区域经济工业化、城市化以及国际化进程，实现了区域经济快速发展、经济社会协调发展、城乡统筹和谐发展，创造了全面建设小康社会、走科学发展之路的"义乌经验"。

第三节 "宁波帮帮宁波"

1984年以后，宁波先后被列为沿海开放城市和计划单列市。宁波对外开放有两大优势：一是北仑港；一是"宁波帮"。如何发挥优势加快宁波发展？中央领导极其关心。1984年8月，邓小平在北戴河听取当时主管对外开放工作的国务委员谷牧关于宁波情况汇报时说："宁波海外侨胞人数不多，但质量较高。要把全世界的'宁波帮'都动员起来建设宁波！"邓小平的讲话精神传达后，有关领导立即着手联络"宁波帮"工作。当时香港十大富豪中，"宁波帮"人士占3个。要发挥"宁波帮"优势，首先要做好包玉刚的工作。宁波市委、市政府决定到香港拜访包玉刚，请他回家乡探亲、考察，第一目标是想请包玉刚在宁波建一所综合性大学。

宁波早有建综合性大学的构想。1984年10月，包玉刚回到了阔别40多年的家乡。回宁波的第三天，包玉刚口头答应捐资兴办宁波大学。在中英两国政府关于香港问题的签字仪式举行的前一天，即1984年12月19日，宁波市市长耿典华与包玉刚在北京签署了《洽谈纪要》，洽谈的主要议题就是兴办宁波大学。包玉刚提出：宁波大学"一年内动工兴建，第二年就开始招收学生"。

邓小平非常赞赏包玉刚捐资创办宁波大学的义举。包玉刚在人民大会堂福建厅与邓小平单独会面时，提出请邓小平给宁波大学题写校名，邓小平欣然答应。在邓小平支持和关怀下，宁波大学的筹建工作顺利展开。校址选在了包玉刚故里庄市附近。1985年10月29日，宁波大学举行了奠基典礼。1986年7月，宁波大学开学所需的校舍大体完成；7月25日，宁波大学教职工进驻新落成的大学校部；9月10日，宁波大学如期开学。

包玉刚得知后，非常高兴："广东有个深圳速度，宁波有个宁波大学速度。"同时，包玉刚还在许多场合提到"办好宁波大学要靠大家，我只是带了个头"，呼吁其他宁波籍人士在宁波大学"也做个项目"。在包玉刚的号召下，王宽诚教育基金会和邵逸夫、包玉书、曹光彪、李达三、赵安中、汤于翰、顾国华、包陪庆、朱英龙等"宁波帮"人士都给了宁波大学大量捐助和支持。

邓小平的号召高瞻远瞩，犹如慈祥的母亲对多年流浪远方游子的呼唤，极大地鼓舞了海内外的宁波人。在邓小平的直接关怀下，宁波依靠全市人民、海内外"宁波帮"和"帮宁波"人士的共同努力，形成了全方位对外开放的新格局。

第四节　温州模式

1985 年 5 月 12 日，《解放日报》刊登了一篇题为《乡镇企业看苏南，家庭工业看浙南——温州三十三万人从事家庭工业》的报道，指出：温州农村家庭工业的发展道路，被一些经济学家称之为广大农村走富裕之路的又一模式——"温州模式"。

党的十一届三中全会后，具有经商传统的温州农民开始了商业活动。他们以家庭经营为基础，从小商品生产起步，建立了以家庭工业为支柱的各种经济组织。家庭工业的发展使温州农民找到了一条脱贫致富的路了。到 1985 年，全市农村家庭工业户达 1.34 万户，农村工业总产值 21 亿元。家庭工业的从业人员达到 30 多万人。

为解决家庭工业的销路，温州开放和创建了一批工业品市场。至 1983 年底，温州逐渐形成了"十大专业市场"。十大专业市场的形成和发展，将温州农村商品经济推向了第一个高潮。

1986 年 2 月，全国政协副主席费孝通考察温州后认为："温州地区所走的道路乃是促进农村经济发展和农民劳动致富的有中国特色的社会主义农村经济发展道路之一。"他首次形象地把温州农村经济发展的基本特点概括为以商带工的"小商品，大市场"。于是，"小商品，大市场"便成为"温州模式"的一种颇具影响的经典表述。

1986 年 9 月，浙江省委召开扩大会议，通过了《关于建立温州试验区的报告》，并于 10 月正式送交党中央、国务院。试验区的实行，引发了更为公开和激烈的"温州模式"到底是资本主义还是社会主义的争论。由此引来了中央、国务院三次派调查组到温州进行调查。温州也再次成为党和国家领导人关注的焦点。

1992 年春，邓小平南方谈话发表。在谈话中，他说："计划多一点还是市场多一点，不是社会主义与资本主义的本质区别。计划经济不等于社会主义，资本主义也有计划；市场经济不等于资本主义，社会主义也有市场。计划和市场都是经济手段。"同年，党的十四大报告确立了我国经济体制改革的目标是建立社会主义市场经济体制。从此，围绕"温州模式"展开的以姓"资"姓"社"为焦点的争论逐渐淡化。

而此时，温州也完成了第一次创业，造就了一批锐意改革、勇于开拓、大胆创新、积极进取、善于经营的企业家；人民的生活实现了由贫穷到温饱的历史性跨越。

第五节　乡镇企业异军突起

邓小平对浙江的乡镇企业情有独钟，给予了极大关注和大力支持。1987 年 8 月 29 日，他在接见意大利共产党领导人时问："你们到农村去看了一下吗？"当意共领导人谈到在南方参观乡镇企业的情况时，邓小平赞誉说："样样都有，工业、农业、商业、服务业都有。浙江的乡镇企业搞得不错。"

乡镇企业源于农业合作化时期的工副业和公社化时期的社队企业。1979 年 3 月，省革委会下发《关于发展社队企业若干问题的座谈纪要》。12 月，国务院《关于发展社队企业若干问题的规定（试行草案）》实施，要求社队企业"统筹兼顾、合理安排、因地制宜、积极发展"。农村双层经营体制取代人民公社体制后，乡镇企业在多种经济成分并存情况下，不仅发展速度加快，而且冲破了"拾遗补缺""离土不离乡"，不与大工业争原料、争市场等束缚，经营范围从农副产品加工，扩大到机械、纺织、印染、塑料、家电等产业；从自产自销、孤军出击，到走出家门，面向全国。

1984年开始，省委、省政府为乡镇企业松绑、放权，相继出台了一系列扶持政策。鼓励企业打破区域之间、不同所有制之间的界限，积极开展横向联合；提倡多劳多得，允许在分配上拉开档次，对有贡献者实行重奖；在乡镇集体企业中全面推行经营承包责任制，即以协议约定的方式，从乡镇政府中获得有限经营权，承包期一般为3至5年；对乡镇企业继续实行减免税政策，规定税后利润至少应有50%留给企业，用于扩大再生产和充实流动资金，企业上缴乡（镇）政府的利润至少要有60%用于办新的企业或作为再投入返还；厂长（经理）享有经济分配权、机构设置权、劳动人事权、经营决策权和奖惩权。良好的政策环境，使乡镇企业如鱼得水。在行业分布上，家用电器和纺织印染行业发展较快。家电行业一时成为乡镇企业中分布最广、省内市场占有率最大的行业之一，其主要产品如灯头、插座、开关、收音机、热水器等，几乎占据省内60%的市场。传统行业纺织印染业重现青春活力，成为浙江乡镇企业的一支劲旅，其中以"三缸"（酒缸、酱缸、染缸）著称于世的绍兴以及杭嘉湖地区发展得最快。到1991年，全省工业总产值中，乡镇企业所占比重上升到51.4%，占了半壁江山，成为全国乡镇企业发展最快的省份之一。

第九章

走在前列

到了 20 世纪 90 年代，浙江在省委、省政府的指导下，积极探索"科教兴省"转型之路。为了促进民营经济进一步发展，全省全面加强基础设施建设，金温铁路、杭甬高速等重大工程促进浙江城市化建设进入了全省联动，功能完善的新阶段。

第一节 "科教兴省"

20 世纪 80 年代,浙江经济的快速增长在很大程度上是靠"短缺经济"条件下巨大的市场需求拉动和生产规模的外延扩张实现的,科技因素在经济增长中所占比重仍然较低。科技落后和科技力量薄弱影响着浙江整个经济的长远发展。

针对这一薄弱环节,1992 年 6 月,省委、省政府在全省科技工作会议上强调,要真正把经济增长方式转移到依靠科技进步和提高劳动者素质的轨道上来,并把它作为实现浙江经济和社会发展第二步战略目标的根本措施。为此,省委、省政府明确提出了"科教兴省"的发展战略,提出依靠科技促进全省经济、社会的全面发展;科技进步因素在全省国民经济增长中所占比重,"八五"末期要提高到占 40% 左右,2000 年要提高到 50% 左右,全省每万人口拥有的科技人员数应达到 115 人等,为浙江的科技发展制定了具体的目标。

在省委、省政府的指导下,全省各地采取多方面有效措施,大力推进科技体制改革和科技进步,促进科技与经济的有机结合,把"科教兴省"战略切实落到实处。

强化对市、县、乡科技工作的领导,选派科技人员到县乡镇担任科技副职,形成全社会支持科技发展的合力。同时,跟踪世界最新科技成果,建立高新技术开发区和高新技术产业园区,着力发展以信息技术和生物技术为代表的高新技术产业。浙江从 1989 年起实施了"火炬计划",1996 年又启动了"新世纪工程",对提高浙江经济的科技含量和经济效益作出了重要贡献。浙江还注意加强基础研究,为科技进步和经济发展提供强大后劲。

省委、省政府积极引导全省企业加大对科研的投入,加强对新技术和新产品的研究开发，提高企业的科技竞争力；同时还积极鼓励、支持民营科技机构发展，引导他们成为推进浙江科技进步、振兴浙江经济的一支重要力量。

大力发展教育事业，是实施"科教兴省"战略的基础。1992年7月，省委、省政府明确提出，浙江要在20世纪末基本形成多层次、开放式的教育体系。为适应社会主义市场经济体制的要求，浙江对高校招生和毕业生分配制度进行了改革，由单一的国家统招统配逐步转变为国家计划招生分配与计划外招生分配相结合的模式；同时调整高等学校布局，全省各大中专学校根据经济社会发展对人才的需求有计划地进行学科调整和层次优化。

"科教兴省"战略的实施，使浙江的科技教育综合实力明显增强，全省科技进步对经济增长的贡献明显增加，极大推动了浙江经济社会的快速发展。

第二节　民营经济大发展

改革开放以来，在中国特色社会主义理论指引下，浙江各级党委、政府始终坚持解放思想，充分尊重和发挥人民群众的首创精神，在发展乡镇企业（前身为社队企业）的同时，大胆在全国率先探索发展个体私营经济、股份合作制经济、混合所有制经济等，并积极引导，促进了民营经济的快速健康发展。自1998年开始，在全国工商联公布的中国民营企业500强中，浙江一直居全国首位。民营经济的发展，使浙江实现了由农业经济向工业经济的跨越，并从一个"资源小省"迅速发展成为"经济大省"。浙江民营经济的发展史，是一部人民群众为主角的创业富民史，是一部逐步完善社会主义市场经济的改革创新史，是中国特色社会主义理论在浙江的生动实践。

　　1978 年 12 月，中共十一届三中全会作出把党和国家的工作重点转移到社会主义现代化建设上来的战略决策，开启了中国历史新纪元。为迅速打开局面，省委、省政府决定把发展有一定基础的社队企业作为振兴经济的重要途径来抓。由于党委、政府的扶持和广大农民的积极参与，浙江的社队企业得到了较快的发展。在发展社队企业的同时，浙江的个体私营经济也突破体制机制束缚，开始在夹缝中求生存。当时，我国经济体制整体上还处于计划经济时期，民营企业的生产由于没有纳入国家计划，原材料供应和产品推销都得靠农民自己组织和进行。于是，一支"走千山万水、说千言万语、想千方百计、历千辛万苦"的农民购销大军迅速形成。在向外拓展的同时，浙江人民还较早地开始了农村商品经济的实践。以商促工，以工带商，专业市场和民营企业互相依托，成为浙江经济发展的"两个轮子"。1992 年邓小平南方谈话发表和党的十四大以后，姓"社"姓"资"的争论逐步平息，民营经济的发展在思想认识上和理论上得到了认同。浙江的民营经济进入由大发展到大提高的二次创业时期。

　　经过第二阶段的持续发展，浙江民营经济有了较好的积累，在经济增长、社会贡献中的作用日益突出，充分显示了在社会主义市场经济中的重要地位。2002 年 11 月，党的十六大提出"毫不动摇地鼓励、支持和引导非公有制经济发展"，浙江民营经济按照"腾笼换鸟"和"凤凰涅槃"的思路，开始了新一轮的蓬勃发展。

　　浙江民营经济的快速发展，推动了浙江经济社会各领域的全面进步，为浙江形成"民富省强"的良好局面作出了巨大贡献。

第三节　金温铁路

1998 年 6 月 11 日，我国第一条合资铁路——金温铁路全线正式开通运行。浙西南人民听到了期盼已久的火车汽笛长鸣声，百年"铁龙"梦想终于变成了现实。

浙南人民期盼铁路开通的梦想，要从中国民主革命的伟大先行者孙中山说起。1912 年，孙中山乘船来到温州，随后他提出了要兴建温（州）辰（今湖南辰溪县）铁路的设想。

然而在混乱的旧中国，这只能是一纸空想。新中国成立后，金温铁路建设才逐步提上日程。1958 年，经国务院批准，金温铁路列入我国"二五"计划，浙江省委郑重地作出修建金温铁路的决定。1974 年，浙江省委又对金温铁路进行了方案研究，并请铁道部第四勘测设计院重新勘测设计。1984 年春天，温州被列为我国 14 个进一步对外开放的沿海城市之一。温州人首先想到的便是金温铁路。然而，好事多磨，浙西南人民心急如焚。从 1983 年 4月召开的浙江省第六届人大算起，人大代表几乎年年都要提出建设金温铁路的提案。

省委、省政府领导对金温铁路建设始终充满热情。1990 年 6月 8 日，省委常委会议专门研究了金温铁路的建设问题，并把它作为浙江扩大对外开放的重要战略举措。1992 年，得风气之先的温州人大胆提出新思路：发动社会力量，借鉴中外合资经验及到海外筹资等办法，建设中外合资的金温铁路，得到省领导的肯定和支持。

1992 年 12 月 18 日，金温铁路开工仪式在浙江缙云仙都隧道工地隆重举行。浙西南人民翘首期盼的金温铁路终于正式破土动工了。经过广大建设者的艰苦拼搏，一条钢铁巨龙一步步向南延伸：1995 年 3 月，金缙段铺通；1996 年 9 月，缙丽段铺通。1997 年 4 月，丽青段铺通；7 月，金温铁路提前 5 个月全线铺通。8 月 8 日，省委、省政府在新落成的温州火车站举行庆祝大会，这是一次圆梦的大会，与会人员的兴奋与喜悦溢于言表。

1994 年 5 月，铁道部决定参股建设金温铁路，不但解决了加大建设投资的问题，而且有利于这条路纳入全国铁路网，发挥最大效益。在中国的铁路建设史上，金温铁路成为中国第一条由地方、铁道部和香港三方合资兴建的铁路。

金温铁路始自金华新东孝，经武义、永康、缙云、丽水、青田等市县，终至于温州龙湾港。全长 251.5 千米，建设难度极大。作为浙江内陆通往沿海的交通大动脉，金温铁路的建成和开通，填补了铁路浙赣线以东至沿海 10 万平方千米的铁路网空白，打开了华东地区内地到沿海的通道。

第四节　杭甬高速

1996 年 12 月 6 日下午，在宁波杭甬高速段塘互通立交，中共浙江省委书记向全省人民宣布："浙江省杭甬高速公路试通车开始！"浙江第一条全长 145 千米的高速公路开通试运行，标志着浙江公路迎来了"高速"时代。

20 世纪 90 年代初，正在经历道路拥堵阵痛的浙江人，把改变交通基础设施落后面貌的目光落在了高速公路上。

1990 年 6 月 8 日，省委召开常委会议，明确把沪杭甬高速公路作为建设中的重点。1991 年 5 月 30 日，浙江省沪杭甬高速公路指挥部宣布向国内外实行招标。1991 年 9 月，经过谈判，世界银行决定提供 1.8 亿美元贷款用于杭甬高速公路建设。1992 年 6 月 19 日，省财政厅与世界银行签订杭甬高速公路项目利用外资 2.2

亿美元协议。杭甬高速公路根据"菲迪克条款"，建立了一支有150多人的监理工程师队伍，并聘请3位丹麦专家作外国监理，对工程实施进行质量、工程、投资三大控制。在各方的共同努力下，作为国内第一条建在沿海水网地带的高速公路，于1996年底如期全线通车。

为了加快接轨上海浦东，在杭甬高速公路紧张施工的同时，1994年1月，沪杭高速公路也提前进入施工建设。1998年12月29日，沪杭高速公路建成通车，至此，全长248千米的沪杭甬高速公路全线贯通。

自沪杭甬高速公路全线通车以来，车流量一直以每年15%以上的速度递增。随着经济社会的快速发展和车流量的急剧增加，对沪杭甬高速公路进行拓宽的要求越来越强烈。2000年，沪杭甬高速公路开始了全线拓宽工程。沪杭甬八车道拓宽工程是国内第一条在不中断交通、不对车辆进行分流的情况下，按照"边营运、边施工"方式实施拓宽改造的高速公路。于2007年12月6日建成通车，完成了省政府设定的拓宽工程提前一年全线通车的目标。

沪杭甬高速公路是浙江第一条高速公路，也是第一条连通省外的高速公路。它的建成通车，对于完善浙江公路布局，缓解交通运输紧张状况，加快集疏运网络建设，发挥北仑港优势，促进上海国际航运中心的形成；对于进一步改善浙江投资环境，扩大对外开放，促进全省经济和社会的发展，都具有十分重要的影响。

第五节　城市化发展

1999年12月22日，中共浙江省委、省人民政府出台《浙江省城市化发展纲要》。《纲要》提出，到2020年，全省城市化将进入一个新的历史发展阶段，基本形成功能完善、布局合理、规模协调的城镇体系，全省城市化水平达到 60% 以上，城市要素集聚、辐射功能、基础功能和城市管理等方面接近或达到中等发达国家水平，城市经济和社会发展基本实现现代化。2000 年 9 月 1 日，省政府发出《关于加快推进城市化若干政策的通知》，进一步作出部署。

浙江的城市化经历了曲折的发展过程，至 1978 年，浙江的城市化水平在 14% 左右。改革开放以来，经济的快速发展，迅速改变了浙江整个城镇体系结构，带动了浙江城市化水平的迅速提高，到 1998 年底，全省共有设市城市 35 个，县城 39 个，建制镇 1006 个，城镇总人口 1400 多万人，城市化水平达到 35%，居全国第 15 位。但浙江城市化面临着一系列矛盾和问题。其中一个突出的问题，就是城市化滞后于工业化。1998 年，浙江人均 GDP 按汇率折合已达 1350 美元，总体上已进入工业化中期，与国际上同等工业化水平的国家和地区相比，浙江城市化水平大约滞后 15 个百分点，与国内沿海地区的广东、江苏、山东比较，在特大城市、大中城市数量和设市城市总数等 11 项指标中，只有小城市数量稍多，其余 10 项都排在最后。为了改变这种状况，促进经济大省发展成为经济强省，省第十次党代会顺时应势，作出不失时机地加快城市化进程的重大决策，并把它作为提前基本实现现代化的突破口来抓。省建设厅主持编制了《浙江省城镇体系规划》，于 1999 年 10 月经国务院批准，成为全国第一个付诸实施的省域城镇体系规划。1999 年 10 月 28 日，省委、省政府召开全省城市化研讨会，确定的目标是：到 2010 年，形成杭、甬、温三大都市区，杭州湾两岸和温台两片沿海城镇连绵区，浙赣铁路沿线和金温铁路沿线两个城镇点轴发展区，浙南山地、浙西北山丘、浙东丘陵、沿海岛屿四个城镇点状发展区。2010 年 4 月 7 日，历时两年酝酿，《浙中城市群规划》在杭州顺利通过专家评审，浙中腹地 11 个县市将携手发展。2011 年 2 月 17 日，省政府常务会议研究审议《浙中城市群规划》《金华市城市总体规划（修改）》《金华历史文化名城保护规划》，进一步谋划浙中城市群统筹发展的战略部署。

世纪之交，全省城市化建设进入了以功能完善、内涵提升为主的新阶段。

第十章

"八八战略"

2003 年，省委十一届四次全会提出的"八八战略"为浙江省全面、协调、可持续发展提出了新思路。之后几年，全省围绕乡村整治、生态建设、平安浙江、法治浙江等战略方向开展工作，并且取得积极成效，为开启全面建设社会主义现代化国家新征程作出贡献。

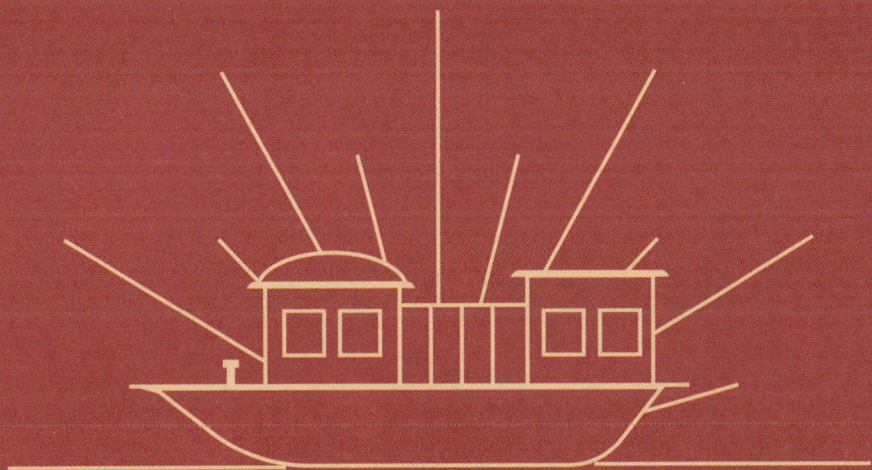

第一节　十一届四次全会

2003 年 7 月，省委十一届四次全体（扩大）会议作出进一步发挥"八个方面的优势"，推进"八个方面的举措"（以下简称"八八战略"）的重大决策和部署。从此，浙江充分发挥"八个优势"，深入实施"八项举措"，扎实推进全面、协调、可持续发展。

"八八战略"的具体内容是：一是进一步发挥浙江的体制机制优势，大力推动以公有制为主体的多种所有制经济共同发展，不断完善社会主义市场经济体制；二是进一步发挥浙江的区位优势，主动接轨上海，积极参与长江三角洲地区合作与交流，不断提高对内对外开放水平；三是进一步发挥浙江的块状特色产业优势，加快先进制造业基地建设，走新型工业化道路；四是进一步发挥浙江的城乡协调发展优势，加快推进城乡一体化；五是进一步发挥浙江的生态优势，创建生态省，打造"绿色浙江"；六是进一步发挥浙江的山海资源优势，大力发展海洋经济，推动欠发达地区跨越式发展，努力使海洋经济和欠发达地区的发展成为浙江经济新的增长点；七是进一步发挥浙江的环境优势，积极推进以"五大百亿"工程为主要内容的重点建设，切实加强法治建设、信用建设和机关效能建设；八是进一步发挥浙江的人文优势，积极推进科教兴省、人才强省，加快建设文化大省。"八八战略"既是对浙江发展实践的总结整合，又是对未来浙江发展思路的创新；既体现了工作的继承性和连续性，又体现了工作的开拓性和创造性。

"八八战略"的实施，使得浙江经济社会发展增添了新活力；对内对外开放开创了新局面；产业升级构筑了新平台；统筹城乡发展出台了新举措；打造"绿色浙江"形成了新氛围；"山海并利"

培育了新基点；社会稳定开创了新局面；文化大省建设又上了新台阶。由此，浙江的经济与社会发展既达到了一个新高度，又站在了一个新起点上。

"八八战略"是习近平新时代中国特色社会主义思想在浙江萌发与实践的集中体现，是习近平总书记在省域层面对中国特色社会主义进行理论创新和实践创新的产物，是总书记为浙江量身定做的总纲领、总方略。

第二节 "千村示范、万村整治"

2003年6月5日至6日，省委、省政府召开全省"千村示范、万村整治"工作会议，提出用5年时间，从全省近4万个村庄中，选择1万个行政村进行全面整治，把其中1000个中心村建设成全面小康示范村。声势浩大的"千村示范、万村整治"工程由此推开。

"千村示范、万村整治"工程，是省委、省政府着眼于尽快改变农村建设无规划、环境脏乱差、公共服务建设滞后等问题而做出的战略决策。工程启动后，省委书记亲自抓，每年都召开一个由省委书记、副书记、副省长参加的现场会加以推动，省政府也每年把"千万工程"列为民办的十件实事之一。

各地则结合实际，按照城乡一体化的要求规划建设新农村，创造性地开展整治工作，创造了各具特色的村庄整治模式，取得了突出的工作成效。

鉴于"千村示范、万村整治"工程的实施成效，省委、省政府决定于2008年起实施新一轮"千村示范、万村整治"工程。并提出：到2012年，力争使全省绝大部分村庄环境得到整治，农村基础设施显著改善，缩小城乡之间在人居环境、基础设施、公共服务、社会事业等方面的差距，使农村面貌焕然一新，经济持续发展，社会全面进步，推动浙江省社会主义新农村建设继续走在全国前列。在村庄环境整治方面，省重点扶持"村道硬化""垃圾处理""卫生改厕""污水治理""村庄绿化"等5个方面的项目。通过这些项目的实施，全省95%以上行政村生活垃圾实现集中收集处理；80%以上行政村开展生活污水治理；80%以上农户实现改厕；全省行政村村内主干道基本实现硬化。

农业丰则基础强，农民富则国家盛，农村稳则社会安。浙江正是通过"千村示范、万村整治"工程成了村容村貌洁净、人居环境优美、基础设施配套、公共服务完备、农民生活幸福的省份。

2018年4月，习近平总书记作出重要指示强调，要结合实施农村人居环境整治三年行动计划和乡村振兴战略，进一步推广浙江好的经验做法，建设好生态宜居的美丽乡村。9月，联合国环境规划署将年度"地球卫士奖"中的"激励与行动奖"颁给浙江"千村示范、万村整治"工程，并称赞"让环境保护与经济发展同行，将产生变革性力量"。

第三节　"绿水青山就是金山银山"

2005年8月15日，时任中共浙江省委书记的习近平在浙江省安吉县余村考察时，提出了"绿水青山就是金山银山"的科学论断。其中包含着尊重自然、谋求人与自然和谐发展的价值理念和发展理念，包含着浙江经济社会可持续发展模式的宏伟战略构想。十多年来，浙江人民牢记嘱托，以"八八战略"为总纲，自觉践行"绿水青山就是金山银山"的科学论断，坚持一张蓝图绘到底、一任接着一任干，走出了一条经济社会可持续发展之路，为建设美丽中国提供了实践依据。

认识在不断深化。"绿水青山就是金山银山"的论述，深刻阐明了经济发展与环境保护的辩证关系，科学破解了经济发展和环境保护的"两难"悖论，体现了对自然规律、经济社会发展规律的认识的深化，是对发展理念的一次重要提升，充分体现了其中对生态文明的觉醒、自觉和担当。

战略在持续接力。在一脉相承又层层递进的生态文明建设中，历届省委坚持"绿水青山就是金山银山"的理念，握牢"交接棒"，跑好"接力赛"，推进生态文明建设战略坚持不懈、循序渐进、持续深化。2010年，省委十二届七次全会率先在全国作出《关于推进生态文明建设的决定》，提出坚持生态省建设方略，走生态立省之路，建设全国生态文明示范区；2012年，省第十三次党代会将"坚持生态立省方略，加快建设生态浙江"作为建设物质富裕精神富有现代化浙江的重要任务，提出打造"富饶秀美、和谐安康"的"生态浙江"；2014年，省委十三届五次全会作出"建设美丽浙江、创造美好生活"决策部署，提出要建设"富饶秀美、和谐安康、人文昌盛、宜业宜居"的美丽浙江。

"金山银山"硕果累累。2014年，浙江全年生产总值突破4万亿元，位列全国省区市第4位；全省农村居民人均纯收入连续29年位居全国各省区第一，是全国城乡居民收入差距最小的省区市之一，原26个欠发达县依靠走绿色发展、生态富民、科学跨越的路子，摘掉了"欠发达"的帽子。2014年，全国生态文明建设现场会在浙江湖州召开，湖州成为全国首个获批建设生态文明先行示范区的地级市。

从绿色浙江到生态省、美丽浙江、"两美"浙江，一脉相承、互为一体。十多年来，省委、省政府精准发力，连续发力：实施环保"811"行动，强势推进"五水共治""三改一拆"，深化"千村示范、万村整治"工程，建设美丽乡村，全面治堵治气治污，一幅绿水青山的美好画卷正在浙江一步步成为现实。

第四节　平安浙江建设

2004年5月，省委十一届六次全会审议并通过了《关于建设"平安浙江"促进社会和谐稳定的决定》，开始全面部署建设"平安浙江"各项工作。浙江建设"平安浙江"、促进社会和谐稳定的决策部署，得到了党中央、国务院的充分肯定。

针对新时期影响社会稳定的人民内部矛盾的实际，浙江积极创新"枫桥经验"，大力推进社会治安综合治理，努力化解各类矛盾。省委、省政府高度重视加强和改进信访工作，畅通诉求渠道，化解矛盾纠纷。同时广泛开展基层平安创建活动，加强基层基础建设，建立全国首家乡镇（街道）综治工作中心，进一步创新、完善健全了社会治安综合治理工作机制。全省政法综治系统深化矛盾纠纷排查调处工作，以加强预防化解矛盾纠纷工作为重点，在全省掀起创新推广"枫桥经验"的新高潮。

安全生产是全面建设"平安浙江"的重要内容和具体目标之一。全省各地各部门按照省委提出的建设"平安浙江"的总体要求，加强对重点领域、重点行业的监控管理，强化安全生产工作。2004年8月，省政府制定下发《关于切实加强安全生产工作的决定》，并就有关重点行业和领域的生产安全工作出台了8个配套文件。建立完善安全责任体系，加强基层安全生产基础工作，在理顺全省安全生产监管体系的同时，着力加强安全生产监管队伍建设。改善安全生产环境，深化事故多发行业和领域安全生产专项整治，有效改善全省消防安全环境，防范了一些重特大事故的发生。全省安全生产形势明显好转。

浙江省政法部门特别是公安机关坚持打击各类犯罪活动，切实维护社会稳定，先后组织开展了破案追逃、打黑除恶、治爆缉枪、命案侦破、打击"两抢一盗"（抢劫、抢夺与盗窃）等一系列具有很强针对性、实效性的集中打击和专项整治行动，始终保持对刑事犯罪的高压态势，保证了社会稳定状况总体较好，确保了人民群众生命财产的安全。

省委、省政府高度重视应急管理工作，建立健全突发公共事件应急预案体系，加强行政应急机制建设。2005 年 2 月，省政府下发《浙江省突发公共事件总体应急预案》，深入推进了应急体系建设和管理工作。

"平安浙江"建设很快取得了显著成效，全省人民群众安全感满意率逐步提高，2009 年达到了 96.35%；全省信访总量、群体性事件、刑事发案率明显下降；全省生产安全事故总量、死亡人数、直接经济损失连续 7 年实现"三下降"。

第五节　法治浙江建设

2008 年 6 月 15 日，浙江余杭对外发布 2007 年度"法治指数"——71.6 分。这是中国内地首次运用量化评估考评区域法治水平，开创了全国地方法治建设的先河。

"法令行则国治，法令弛则国乱。"余杭推出"法治指数"，是在贯彻落实建设"法治浙江"过程中所取得的重要成果，也是"法治浙江"建设的一个缩影。

2006 年 4 月 26 日，省委十一届十次全会通过《中共浙江省委关于建设"法治浙江"的决定》，决定建设"法治浙江"，促进物质文明、政治文明、精神文明和和谐社会建设协调发展。

会后，省委领导带头开展调查研究，督促和指导全省法治建设。省委成立了建设"法治浙江"工作领导小组及其办公室，并明确工作职责、建立工作机制。各级党委认真抓好领导干部的社会主义民主法制教育培训，深入开展对建设"法治浙江"的新闻宣传，全面落实党风廉政建设责任制和党内十项监督制度，提高了各级党组织依法执政的素质。各级人大常委会以学习贯彻《监督法》为契机，规范监督形式，积极开展执法检查和工作监督，提高了依法监督水平。各级政府以推进依法行政为重点，规范行政许可和行政执法行为，清理非行政审批事项，推进政府管理创新和职能转变。各级政协从提高专题调研质量做起，围绕党委中心工作，抓好重点专题调研，积极开展民主监督，提高了参政议政的水平。各级司法机关以社会主义法治理念教育为主线，认真落实司法体制改革措施，加强审判和执行工作，强化法律监督，维护司法的公正高效权威。各地普法部门从落实"法律六进"活动着手，突出重点普法对象和学法重点内容，全面实施"五五"普法规划，提高了公民的学法用法守法意识。全省上下形成了党委领导，人大、政府、政协分口负责，各部门分工实施，全社会共同参与的法治工作格局。

浙江各地各部门积极创建"民主法治村""和谐社区"和"劳动关系和谐企业"，提高了基层群众的民主法治意识，增强了基层群众依法自治能力。

建设"法治浙江"是一次伟大的实践和征程，任重道远。在省委的领导下，浙江的法治建设已经收获了累累的硕果。

第十一章

共同富裕

　　为了推进物质富裕、精神富有的现代化浙江建设，省委积极开展部署政治、经济、文化、社会、生态等各项工作内容。为高质量发展建设共同富裕示范区、高水平全面建成小康社会，建设美丽浙江、创造美好生活，探索新思路、新架构、新路径。

第一节 "物质富裕、精神富有"

2012年6月，省第十三次党代会根据中央"三步走"战略部署和东部地区率先发展的要求，适应浙江发展阶段的新变化，顺应浙江人民过上更加美好生活的新期盼，确立了努力建设物质富裕精神富有的现代化浙江的奋斗目标。省委明确提出：物质富裕，就是要使城乡居民就业比较充分，收入普遍提高，家庭财产普遍增加，中等收入者占多数，绝对贫困现象完全消除，社会保障、基础设施和公共服务日臻完善，人人享有良好的生活环境和生态环境。精神富有，就是要使全体社会成员普遍受到良好的教育，具有较高的科学文化素养、民主法治素养、思想道德素养和生态文明素养，其经济、政治、社会、文化等各项权益得到切实保障，过上丰富的精神文化生活，拥有共同的精神家园。

这是一项长期而艰巨的任务。浙江分两个阶段推进物质富裕精神富有现代化浙江建设。

第一阶段是到2020年，实现"四个翻一番"，即全省生产总值、人均生产总值、城镇居民人均可支配收入、农村居民人均纯收入到2020年分别比2010年翻一番，分别达到55500亿元、104000元、55000元、24000元以上，促进社会全面进步和人民生活水平不断提高。

第二阶段是在实现2020年"四个翻一番"目标基础上，再经过一个时期的努力，把浙江建设成为具有较强经济综合实力、国际竞争力、可持续发展能力的省份，成为人民群众普遍过上富裕生活、具有较高文明素质的省份，成为人民群众权益得到充分保障、创造活力得到充分发挥的省份，率先基本实现社会主义现代化，为到新中国成立一百年时建成富强民主文明和谐美丽的社会主义現代化国家和实现中华民族伟大复兴作出积极贡献。

浙江紧紧抓住科技创新这个"牛鼻子",以推进"四换三名"为主抓手,把产业创新作为主战场,打好经济转型升级系列组合拳。深入开展"三大绿色行动",推进"五水共治",夯实绿色发展的环境基础。充分利用两个市场、两种资源,有效发挥国内国际经济联动效应,提升了浙江的市场化和国际化水平。继续发挥城乡协调发展优势,坚持城乡统筹、山海协作,在均衡协调发展中拓展空间,在补齐短板中增强后劲。不断坚持和发展法治浙江、平安浙江建设基本经验,切实保证人民依法享有广泛权利和自由,保护人民生命财产安全,使人民群众幸福感安全感大大增强。

第二节 建设美丽浙江、创造美好生活

2014年5月23日,省委十三届五次全体(扩大)会议作出《关于建设美丽浙江创造美好生活的决定》。建设美丽浙江、创造美好生活是一项系统性、长期性、艰巨性的历史任务,需要确定具体工作目标,有步骤分阶段推进。到2015年,美丽浙江建设各项基础性工作扎实开展;到2017年,美丽浙江建设取得明显进展;到2020年,初步形成比较完善的生态文明制度体系,争取建成全国生态文明示范区和美丽中国先行区。在此基础上,再经过较长时间努力,实现"天蓝、水清、山绿、地净",建成"富饶秀美、和谐安康、人文昌盛、宜业宜居"的美丽浙江。

建设美丽浙江、创造美好生活必须久久为功,步步为营,年年有成,积小胜为大胜。

2014年,全省加快推进平原绿化和生态公益林建设,建成省级以上生态公益林4018万亩,生态公益林补偿标准提高到每亩27元,省级补偿标准为全国最高。至此,浙江森林覆盖率保持在

60% 以上，城市绿化覆盖面积达到 8000 公顷，已建成国家环保模范城市 7 个、全国环境优美乡镇 374 个、国家级园林城市 28 个，荣获联合国人居奖城市 2 个、国家人居环境奖城市 3 个。

2014 年，"多措治霾"取得实效。截至年底，全省完成脱硫脱硝治理工程 448 个，占年度任务的 94.6%；全省各县（市、区）城市均已完成禁燃区划定，淘汰燃煤锅炉 2444 台；县以上城市高污染燃料禁燃区实现全覆盖，全省餐饮油烟净化装置配备率已达 90%；县以上城市基本划定黄标车限行区，全省淘汰黄标车及老旧车共 21.1 万辆，其中黄标车 9 万辆。全省 11 个设区市城市环境空气 $PM_{2.5}$ 均值为 51 微克/米^3，比上年同期下降 1.9%。化学需氧量、二氧化硫、氨氮、氮氧化物等减排指标均达到年度目标的进度要求。

2014 年，全省深入开展"四边三化"行动，深入实施"千村示范、万村整治"工程，加快建设美丽乡村。

2014 年，"五水共治""三改一拆"均交出了令人信服的成绩单：全省已提前半年完成垃圾河清理，共 3102 条 6495.6 千米；完成黑臭河治理 4187.6 千米，占全部黑臭河治理任务的 82%。

总之，建设美丽浙江、创造美好生活，是省委、省政府深入贯彻落实习近平总书记和党中央决策部署的重要行动，是浙江尽快改善生态环境、不断满足全省人民对美好生活新期待的重大举措，是加快转变生产生活方式、实现更高水平发展的必由之路，是提升全面建成小康社会水平、建设物质富裕精神富有现代化浙江的重要内容。

第三节　高水平全面建成小康社会

2017 年 6 月，省第十四次党代会提出要紧密团结在以习近平同志为核心的党中央周围，坚定不移沿着"八八战略"指引的路子走下去，秉持浙江精神，干在实处、走在前列、勇立潮头，高水平谱写实现"两个一百年"奋斗目标的浙江篇章。大会报告首次提出，确保到 2020 年高水平全面建成小康社会，并在此基础上，高水平推进社会主义现代化建设，以"两个高水平"的优异成绩，谱写实现"两个一百年"奋斗目标在浙江的崭新篇章。

围绕实现"两个高水平"，报告进一步提出建设"六个浙江"的具体目标，即在提升综合实力和质量效益上更进一步、更快一步，努力建设富强浙江；在提升各领域法治化水平上更进一步、更快一步，努力建设法治浙江；在提升文化软实力上更进一步、更快一步，努力建设文化浙江；在提升人民群众获得感上更进一步、更快一步，努力建设平安浙江；在提升生态环境质量上更进一步、更快一步，努力建设美丽浙江；在全面从严治党上更进一步、更快一步，努力建设清廉浙江。这"六个浙江"共同构建起浙江推进"五位一体"总体布局和"四个全面"战略布局的六根擎天大柱，是"两个高水平"奋斗目标的具体展开，体现了全面小康和现代化建设的新要求，回应了人民群众过上美好生活的新期待。

在实现"两个高水平"的实践中，要把"四个强省"放到突出位置谋划好、实施好，在工作导向上，要突出改革强省，增创体制机制新优势；突出创新强省，增创发展动能新优势；突出开放强省，增创国际竞争新优势；突出人才强省，增创战略资源新优势。在具体的工作方面，习近平总书记 2015 年考察浙江时曾提出"八个方面重点任务"，涉及经济、改革、城乡、法治、文化、社会、生态文明建设和党的建设。这八个方面是习近平总书记耳提面命浙江的工作任务书，是"八八战略"的创新和深化。

2017 年是实施"十三五"规划的重要一年，省委、省政府在党中央、国务院的坚强领导下，深入学习贯彻习近平新时代中国特色社会主义思想，统筹推进"五位一体"总体布局，协调推进"四个全面"战略布局，认真落实省第十四次党代会精神，取得了浙江经济社会建设的历史性成就，在为十二届省政府工作圆满收官的同时，还为浙江实现"两个高水平"奋斗目标开了一个好头。

第四节　打造重要窗口

2020年3月29日至4月1日，习近平总书记在浙江考察时，对浙江提出殷切希望：要全面贯彻党中央各项决策部署，做好统筹推进新冠肺炎疫情防控和经济社会发展工作，坚持稳中求进工作总基调，坚持新发展理念，坚持以"八八战略"为统领，干在实处、走在前列、勇立潮头，精准落实疫情防控和复工复产各项举措，奋力实现今年经济社会发展目标任务，努力成为新时代全面展示中国特色社会主义制度优越性的重要窗口。

"重要窗口"蕴含更高工作要求和发展成效。同时，"重要窗口"又是全面而非某一个领域的单方面展示。

展示"重要窗口"，要坚定"四个自信"，毫不动摇地坚持和巩固中国特色社会主义制度体系，探索和完善这一制度体系的运行机制；要强化制度协同意识，着眼系统治理、依法治理、综合治理、源头治理，围绕"六个浙江"和省域治理六大体系建设任务，着力增强制度治理的整体水平；要坚持和巩固好中国特色社会主义根本制度、基本制度、重要制度，同时顺应现代国家治理的大趋势和人民群众对美好生活的向往，加快建立健全国家治理急需的制度，增强社会常态生活的治理水平和公共危机管理水平；要全面深化平安浙江、法治浙江建设，坚持发展新时代"枫桥经验"，加快推进"最多跑一地"改革，加强社区治理体系建设，推动社会治理重心向基层下移，高水平推进省域治理现代化；要统筹推进城乡融合、山海协作，深化"千村示范、万村整治"工程和美丽乡村、美丽城镇建设，深入实施低收入农户高水平全面小康计划，进一步提高城乡一体化发展的成色；要牢固树立"绿水青山就是金山银山"理念，高标准打好污染防治攻坚战，高质量打通"绿水青山就是金山银山"转换通道，推动习近平生态文明思想结出更多硕果，让绿色成为浙江发展最动人的色彩；要深入推进清廉浙江建设，探索建立"不忘初心、牢记使命"制度，激励干部担当作为、不懈奋斗，大力整治形式主义、官僚主义突出问题，进一步巩固山清水秀的政治生态。

全面把握"努力成为新时代全面展示中国特色社会主义制度优越性的重要窗口"，就要通过"一条主线、五个关键词"来吃准吃透、加深理解。"一条主线"，就是中国特色社会主义。"五个关键词"，就是"努力""新时代""全面""制度优越性""重要窗口"。"重要窗口"，意味着浙江肩负的责任和使命不是普通的工作成果展示，而是在习近平新时代中国特色社会主义思想指引下具有政治影响、全局影响的展示。

第五节　高质量发展建设共同富裕示范区

2021年6月10日，《中共中央国务院关于支持浙江高质量发展建设共同富裕示范区的意见》发布，支持鼓励浙江先行探索高质量发展建设共同富裕示范区。

高质量发展建设共同富裕示范区，是习近平总书记亲自谋划、亲自定题、亲自部署、亲自推动的重大战略决策。

6月10日至11日，省委十四届九次全体（扩大）会议按照高质量发展高品质生活先行区、城乡区域协调发展引领区、收入分配制度改革试验区、文明和谐美丽家园展示区四个战略定位，坚持国家所需、浙江所能、群众所盼、未来所向，吹响了共同富裕示范区建设的"集结号"。

省委、省政府主要领导挂帅的最高规格领导小组随即成立，并于 7 月 16 日召开高质量发展建设共同富裕示范区领导小组第一次会议。7 月 19 日，《浙江高质量发展建设共同富裕示范区实施方案》正式公布。10 月 21 日，中共浙江省委社会建设委员会正式成立。

随后，浙江精心谋划、大胆探索推动共同富裕示范区稳健开局。积极探索共同富裕新理念新思路，初步形成共同富裕社会共识，构建话语体系、明确任务架构，把精准识别和推动特定区域、特定家庭、特定人群更好发展作为基础性工作来抓；积极探索共同富裕有效路径，构建目标指标体系，聚焦经济高质量发展、收入分配制度改革、城乡区域协调发展、公共服务优质共享、社会主义先进文化发展、生态文明建设、社会治理等七大领域，细化落实 54 项重点工作，探寻引领变革先行之路；积极探索以数字化改革推进变革重塑，以扩中提低改革为牵引，围绕缩小地区发展差距、缩小城乡发展差距、公共服务优质共享、精神生活共同富裕、共同富裕现代化基本单元等五大领域，谋划推进 34 项重大改革，破解传统手段难以解决的难题；积极探索打造标志性成果，围绕社会认同度比较高、工作有基础的十大领域，努力打造一批可示范可推广的成果，探索共富型体制机制和政策体系；积极探索示范区建设新机制，成立示范区领导小组，组建省委社建委、咨询委，以月度例会方式常态化研究推进，建立清单管理、改革试点、民情通达、大成集智等机制，省市县乡村联动推进，一步一个脚印推进共同富裕实践探索。

2021 年，浙江城乡居民可支配收入、居民人均消费支出稳居全国省区第一；城乡居民收入倍差从 1.96 缩小到 1.94；山区 26 县居民人均可支配收入与全省平均之比从 0.725 提高至 0.732，设区市人均可支配收入最高与最低市倍差从 1.64 缩小到 1.61。

第十二章

红色精神

　　要深刻理解习近平同志提出的"红船精神"的深刻内涵和时代价值，就要首先理解其灵魂深处的开天辟地、敢为人先的"首创精神"。回顾浙江在党的领导下的一百年光辉历程，其中的"浙西南革命精神""大陈岛垦荒精神""蚂蚁岛精神""海霞精神"，皆是"红船精神"在浙江的真实践行写照。

第一节　红船精神

习近平同志 2005 年 6 月提出并阐释了"红船精神"的深刻内涵和时代价值，并于 2017 年 10 月在瞻仰南湖红船时强调要结合时代特点大力弘扬"红船精神"，让"红船精神"永放光芒。

习近平同志当年担任浙江省委书记时，曾将蕴含着"开天辟地、敢为人先的首创精神，坚定理想、百折不挠的奋斗精神，立党为公、忠诚为民的奉献精神"深刻内涵的"红船精神"，比作"中国革命精神之源""党的先进性之源"。以后，在中国共产党百年华诞之际，习近平总书记进一步提炼概括出"伟大的建党精神"，强调"这是中国共产党的精神之源"。

伟大建党精神所蕴含的"坚持真理、坚守理想，践行初心、担当使命，不怕牺牲、英勇斗争，对党忠诚、不负人民"的内涵，同"红船精神"所概括的"开天辟地、敢为人先的首创精神，坚定理想、百折不挠的奋斗精神，立党为公、忠诚为民的奉献精神"，基本内容和基本精神是高度一致的，都包含着坚守理想、敢于担当（敢为人先），英勇斗争（百折不挠），对党忠诚、不负人民（立党为公、忠诚为民）等内涵。同时，伟大建党精神的提出，对"红船精神"又是一种再提炼、再升华、再创造。伟大建党精神的概括中，强调了"坚持真理"的内容；又根据党的十八大以后的新概括、新实践，增加了"践行初心、担当使命"这一重要内容；还进一步突出了"不怕牺牲、英勇斗争"的精神。这些重要的提炼和补充，使伟大建党精神作为"中国共产党的精神之源"的特性更加彰显，使其"在长期奋斗中构建起中国共产党人的精神谱系，锤炼出鲜明的政治品格"的核心精神与红色基因更加鲜明。

开天辟地、敢为人先的首创精神是"红船精神"的灵魂，是动力之源，体现的是中国共产党创建时期的社会历史条件，以及早期共产党人的追求和他们改变近代中国社会命运的迫切愿望。坚定理想、百折不挠的奋斗精神是"红船精神"的支柱，是胜利之本，体现的是中国共产党特有的政党品质，以及广大共产党人的理想追求。立党为公、忠诚为民的奉献精神是"红船精神"的本质，是政德之基，体现的是共产党人的社会理想、价值取向和根本宗旨、道德要求。

"红船精神"承载着中国共产党人的初心和使命，凝结着习近平总书记治国理政的智慧和经验，具有超越时空的恒久价值和旺盛生命力。"红船精神"体现了中国共产党伟大建党精神，是中国共产党伟大建党精神的重要组成部分，昭示着中国共产党的初心。

第二节　浙西南革命精神

浙西南是中国共产党较早开展武装斗争的地区。中国工农红军第十三军、中国工农红军北上抗日先遣队、中国工农红军挺进师三支中央红军和闽北、闽东红军以及地方革命武装，在浙西南开展了艰苦卓绝的革命斗争。作为浙西南革命老区所在地，丽水是浙江省唯一一个所有县（市、区）都是革命老根据地的地级市。红色资源丰厚富集，红色文化底蕴深厚，红色基因生生不息。

波澜壮阔的浙西南革命斗争在中国革命历史上具有独特的历史地位，其孕育形成的浙西南革命精神丰富了中国革命精神谱系，为中国革命精神增添了新的意蕴。

浙西南革命精神，是以伟大建党精神为源头的中国革命精神在浙西南革命斗争中的伟大实践和具体体现，是浙西南人民最宝贵的精神财富和政治优势，具有深远丰厚而又独特的精神内涵。

浙西南革命精神的基本内涵是忠诚使命、求是挺进、植根人民。忠诚使命是浙西南革命精神最深刻的内核，昭示了共产党人对使命的无限忠诚和矢志不渝追求真理、为革命事业奉献一切的坚定信念。求是挺进是浙西南革命精神最突出的特质，彰显了共产党人实事求是的思想路线、一往无前的战斗意志和出奇制胜、变不可能为可能的智慧勇气。植根人民是浙西南革命精神最重要的指引，诠释了共产党人坚持群众观点、践行群众路线、密切联系群众的优良作风和竭力为劳苦大众谋利益的赤子情怀。三者之间内在联系，相互贯通、相辅相成、有机统一，构成浑然一体、缺一不可的整体。忠诚使命源于植根人民的深切情怀，坚定着求是挺进的誓死决心；求是挺进引领完成忠诚使命的责任追求，实现植根人民的宗旨要求；植根人民方能执着于忠诚使命的不变信仰，催生着求是挺进的不竭动力。

浙西南革命精神为党的自我革命增添了思想动力，为推进党的建设提供了重要思想启迪，为应对各种风险考验提供了鲜活的榜样力量。适应新时代、新要求，丽水大力弘扬践行浙西南革命精神，守好"红色根脉"，传承红色基因，让红色精神不断释放出新的时代力量。

第三节　大陈岛垦荒精神

大陈岛垦荒精神诞生于20世纪50年代。当时，先后5批来自温州、台州等地的467名青年垦荒队员，响应团中央"建设伟大祖国的大陈岛"的号召，毅然登上满目疮痍的大陈岛，以满腔热情、冲天干劲和炽热青春，与驻岛部队一起开展战天斗海的垦荒和建设事业，从而铸就了"艰苦创业、奋发图强、无私奉献、开拓创新"的"大陈岛垦荒精神"。

60多年来，大陈岛垦荒精神接力传承、历久弥新，与"红船精神"一脉相承，已成为当代浙江精神的有机构成部分、社会主义建设时期传承革命文化传统的生动体现和社会主义先进文化的重要基因。

艰苦创业是大陈岛垦荒精神的动人篇章。垦荒队员不畏困难、不等不靠，通过自力更生、艰苦奋斗，将满目疮痍的荒岛打造成东海明珠，谱写了一曲改变海岛凋敝破败面貌的英雄壮歌。

奋发图强是大陈岛垦荒精神的力量源泉。垦荒队员始终保持昂扬向上、奋发有为的精神状态，坚定目标不动摇，抓住机遇不放松，坚持发展不停步，最终创造出了不辜负时代和人民期待的垦荒业绩。

无私奉献是大陈岛垦荒精神的宝贵财富。垦荒队员把自己的汗水洒在了大陈岛的每个角落，面对艰苦的生活条件，他们没有抱怨，只有奉献，完美诠释了火热的青春和无悔的年华。

开拓创新是大陈岛垦荒精神的价值导向。垦荒队员勇立潮头、敢为人先，用新思路、新办法、新举措打开了新局面，他们开荒辟地，发展种植业、畜牧业和海洋养殖业，使曾经荒芜的大陈岛到处生机勃勃。

大陈岛垦荒精神发轫于"建设伟大祖国的大陈岛"的号召，传承于改革开放的实践，闪光于新时代高质量发展的时代，体现了赤诚报国的情怀、战天斗地的豪迈、不求回报的付出，闪耀着社会主义核心价值观的光芒，诠释了爱国爱乡、无私奉献的精神追求和价值追求。大陈岛垦荒精神不仅仅是台州的城市精神，也是浙江精神的重要元素，更是"红船精神"的时代表现，奠定了台州城市精神的缘起根基，是建设台州"重要窗口""先行示范"的强大支撑，是解码时代精神的生动注脚，是助推高质量发展建设共同富裕示范区的不竭动力，在中国革命精神谱系中具有重要地位。

第四节　蚂蚁岛精神

1950年5月，蚂蚁岛解放。面对一穷二白的现实，蚂蚁岛人民没有气馁，他们在党的领导下，本着"勤俭办一切事业"的坚强决心，自力更生，艰苦创业，适应渔业捕捞对人们共同合作的生产需要，自觉变革生产关系，原本落后的蚂蚁岛在全国渔区率先实现了渔业生产的合作化，生产和生活面貌发生了巨大改变，在社会主义建设的伟大实践中形成了"艰苦创业、敢啃骨头、勇争一流"的蚂蚁岛精神。

艰苦创业是蚂蚁岛精神的底色。1953年，全岛妇女用3个月功夫用双手搓了12万斤（合6万千克）草绳，赚了9600元钱，购买了一艘大捕船——"草绳船"，为蚂蚁岛渔业走向机帆化迈出可喜一步。蚂蚁岛艰苦创业精神虽然生成于半个世纪前，但与时俱进，具有历久弥新的生命力，是人民群众在党的领导下创业实践的光辉结晶，是一笔宝贵的精神财富。

敢啃骨头、勇争一流是蚂蚁岛精神的特质。20世纪60年代，蚂蚁岛响应党中央绿化祖国号召，大力种植樟树林等，将原本光秃秃的"癞头岛"，变成了森林面积1700余亩、覆盖率超70%的"生态绿岛"，并于1987年获评"全国绿化先进单位"。为了解决土地稀少、潮水淹漫问题，1972年腊月，蚂蚁岛公社党委提出"苦战三年，围海造田"号召，在男劳力要出海的情况下，岛上300余名妇女热烈响应，仅用1年又4个月时间就筑起了长1300米、宽12米、主高5米的"三八"海塘。

克服各种不利条件，勇挑最重的担子，敢啃最难啃的骨头，不甘落后，力争上游，创造一流业绩，蚂蚁岛干部群众一直将发扬光大蚂蚁岛精神作为己任。正因为持续这样的信念、状态，蚂蚁岛精神才愈发凸显出它的光芒和可贵。现在的蚂蚁岛是全国环境优美乡镇，是全国创建文明先进村镇，红色旅游方兴未艾，岛上群众生活幸福。正是这种精神激励着一代又一代的蚂蚁岛人民苦干巧干，使海岛发生翻天覆地的巨变。舟山能成为我国首个国家级海洋新区、挂牌浙江第一个自贸区；浙江农民可支配收入连续30多年居全国榜首，浙江的综合实力能走在全国前列，离不开"敢啃骨头、勇争一流"的精神特质。

蚂蚁岛精神形成于海岛人民在社会主义建设时期的艰苦创业，发展于改革开放和社会主义现代化建设新时期的伟大实践，进入中国特色社会主义新时代，蚂蚁岛精神是"红船精神"引领下的浙江"红色根脉"之一，有着与时俱进的精神品质与时代价值。

第五节　海霞精神

海霞精神反映的是洞头先锋女子民兵连在社会主义建设全面展开时期的先进事迹。"爱岛、尚武、励志、奉献"是海霞精神的核心内涵。

爱岛是"海霞"的精神本源。洞头先锋女子民兵连从1960年组建以来，始终热爱海岛、坚守海岛、建设海岛。半个多世纪以来，女子民兵连始终做到队伍不散，传统不变，思想不乱，训练不停，作风不松，活动不断。在拥军活动中，她们争着为子弟兵办好事：开山筑路、洗衣做饭、挖战壕、修坑道、养猪、种地……肩扛手提，挥汗如雨。在军事训练中，她们从难从严，从实践出发，数九寒冬，迎着凛冽的寒风练；酷暑盛夏，顶着烈日练；训练场上，她们摸爬滚打，无怨无悔。

尚武是"海霞"的巾帼特色。女子民兵连全体官兵，不断增强尚武意识，牢固树立国防观念，积极打造有灵魂、有本事、有血性、有品德的新一代海霞传人。她们坚持每年完成"五项重大军事任务"：组织整顿一次、集中强化训练一次、全副武装拉练一次、与现役部队比武竞赛一次、针对任务实兵对抗演练一次。

励志是"海霞"的奋进动力。女子民兵连全体官兵，从加入连队之后，就立志为保卫海岛而献身，为建设海岛而励志。1952年1月，在解放洞头攻打胜利岙的战斗中，解放军战士前赴后继，奋勇杀敌，流血牺牲。鲜血染红了山岗，染红了海滩，渔家姑娘们看在眼里，记在心里，懂得了洞头解放来之不易，就立志要保卫这个来之不易的胜利成果。她们积极参加支前工作，帮助解放军运弹药，送开水，抬伤员，做向导。组建了女子民兵连后，她们参加巡逻放哨，军事训练，没有拿一分工资，没有领一分补贴，全当作是一项荣誉，一种责任。

奉献是"海霞"的责任彰显。连队的姑娘们时刻牢记为人民谋福祉，为人民多奉献就是自己的光荣职责。建连以来，她们多次参加抢险救灾。风雨中，她们蹲在地上，用双手把石子刨进沙袋。衣服被淋湿了，手也都刨出了血，但大家毅然坚守着自己的阵地连续奋战，直到堵住决口，有效保护了群众岸边的房屋和海塘里的大量虾苗。抗台之后，她们回家时，有的民兵的房子被大风吹垮了，家里的家具衣服都被大雨淋湿了，有的民兵自家虾塘的虾被浪全冲走了，上级拨下救灾款时，连队的民兵一个也没有领。

海霞精神是浙江精神谱系中独具特色的一支。海霞精神是"红船精神"的基因延续，是共产党人的红色基因、精神源泉在基层薪火相传的具体体现，是红船征程在百岛驿站的续航，是"红船精神"百岛践行的写照。

第十三章

英烈风采

回望百年党史的浙江印记，其中有着无数英烈的热血故事值得传颂。以东阳邵飘萍、诸暨宣中华、吴兴钱壮飞、诸暨俞秀松等人为代表，他们的红色故事，彰显了共产党人在这百年光辉岁月里甘心奉献、忘我牺牲的革命精神。

第一节　铁肩担道义，辣手著文章——邵飘萍

邵飘萍（1886—1926），幼名新成，学名锡康，又名振青，字飘萍，笔名阿平、素昧平生。1886年10月11日出生于浙江东阳大联镇紫溪村。

邵飘萍天资聪颖，5岁时随父读私塾，不到9岁就能写诗作文。14岁到金华应考秀才，名列榜首。1906年秋，邵飘萍考入浙江省立高等学堂，成绩优异，尤擅文史，被上海《申报》聘为该报通讯员。从此他走上了新闻救国的道路。

邵飘萍先后任《汉民日报》主编，主持《时报》《时事新报》等笔政，1918年10月，邵飘萍在北京创办《京报》，并书写"铁肩辣手"四个大字悬于编辑室内，以示作为一个新闻工作者的责任和担当。第一次世界大战后召开的巴黎和会，漠视中国的利益，决定将原来德国在山东的权益无条件转让给日本。消息传到国内，激起了各阶层人民的强烈愤慨。1919年5月3日晚7时，邵飘萍出席在北京大学法科礼堂举行的有1000多名学生和北京各高校代表参加的"五三"晚会，并首先发表演说。他大声疾呼："现在民族危机系于一发，如果我们再缄默等待，民族就无从挽救而只有沦亡了。北大是最高学府，应当挺身而出，把各校同学发动起来，救亡图存，奋起抗争。"邵飘萍的演讲直接促成北京大学学生于次日上街游行，因此，邵飘萍是五四运动的直接发轫者。

邵飘萍的革命活动，遭到北洋政府的通缉，他无奈东渡日本，在日本，他潜心研究马克思主义和俄国十月革命，撰写了

邵飘萍

《新俄国之研究》和《综合研究各国社会思潮》。这两本书是中国共产党成立之前宣传、介绍马克思主义和俄国革命的重要著作，出版后很快销售一空。

1925 年春，党组织根据邵飘萍的志愿以及在实际斗争中的表现，经李大钊、罗章龙介绍，吸收他加入中国共产党。

1926 年 3 月 18 日，段祺瑞在北京制造了举国震惊的"三一八"大惨案，死伤群众数百人。邵飘萍怀着极大的愤慨连夜赶写出讨段檄文《世界空前惨案——不要得意，不要大意》，《京报》成了讨伐段政府的舆论阵地。此外，邵飘萍还提出要组织特别法庭，公开审判惨案祸首段祺瑞。

与此同时，段政府也开始疯狂迫害革命党人，下令通缉爱国进步人士，邵飘萍被列入黑名单，而这时邵飘萍仍继续撰文抨击军阀政府，张作霖、吴佩孚等军阀也对此切齿痛恨。4 月 8 日，奉军进入北京，张作霖出赏捕杀邵飘萍，吴佩孚也密令捕邵。在亲朋们的再三苦劝之下，邵飘萍暂避北京六国饭店。

张、吴抓不到邵飘萍，就以造币厂厂长之职和 2 万大洋收买了曾与邵飘萍有过交往的《北京晚报》社长张翰举。张翰举卖友求荣，于 4 月 24 日到六国饭店，诈称他已疏通张、吴，允许邵飘萍在北京继续办报，将邵诱出使馆区。当天夜里 8 时许，邵飘萍在魏染胡同南口，被事先埋伏的 30 余名侦缉队员围捕。接着，敌人搜抄邵宅，拿走手稿《新俄国之研究》，作为他宣传赤化的罪证。4 月 26 日，反动军阀以"宣传赤化，罪在不赦"为名，将邵飘萍杀害于北京天桥刑场。

第二节　为革命而死，虽死无憾——宣中华

宣中华（1898—1927），原名钟华，乳名洪霖，字广文，笔

宣中华

名伊凡。出生于浙江省诸暨牌头镇中央宣村的一个农民家庭。

宣中华自幼聪颖好学，1915年夏考入浙江省立第一师范。当时的省立一师，在具有革命民主主义思想的校长经亨颐（经子渊）、教师陈望道等人的支持下，是全省新文化运动的中心，遭到守旧势力的仇视。1920年2月，省教育厅以《浙江新潮》第二期发表一师学生施存统（施复亮）所写的《非孝》一文为借口，下令撤换倡导新文化运动的经亨颐校长，逼迫陈望道等进步教师辞职。在宣中华等人的组织领导下，进行以"留经"为目的的罢课抗议和示威活动，爆发了震动全国的"一师风潮"。宣中华作为这次风潮的主要发动者和领导人在斗争中显示了杰出的组织才能。

1921年春，宣中华应陈望道函邀，赴上海马克思主义研究会工作，不久，在上海加入社会主义青年团，1924年1月10日，经中共上海地方兼区执行委员会讨论决定，批准宣中华加入中国共产党。当时正值第一次国共合作，宣中华先后参加了在广州召开的国民党第一次、第二次全国代表大会。1926年3月6日他主持召开国民党浙江省第一次代表大会，正式成立浙江省党部，他当选为执委会常务委员，并由中共上海区委指派，担任省党部中共党团（即党组）书记。

正当北伐战争取得节节胜利，先后光复杭州、上海等地之际，以蒋介石为首的新军阀、新右派却加紧背叛革命的阴谋活动，制造了一起又一起的反革命事件。4月11日，杭州市公安局局长章烈执行蒋介石的密令，在杭州发动"四一一"反革命政变。大批荷枪实弹的反动军警，突然包围和封闭了左派占优势的国民党省党部、省政府、总工会、学生联合会等机构，大肆搜捕已公开身份的共产党员和国民党左派人士。事变当天，宣中华因得到革命同志的通知，得以及时转移，暂避他处。经中共杭州地委紧急研究，鉴于宣中华已遭通缉，无法在杭州继续活动，决定派人秘密护送他去上海。

4月14日晨，宣中华化装成铁路列车长，在杭州铁路工会共产党员沈乐山、方仁郎等陪同和护送下，由艮山门登车赴沪。当天下午，当货车抵达上海近郊龙华车站时，宣中华不幸被密布在车站周围的国民党特务发现而遭逮捕。4月15日，上海警备司令、国民党特务头子杨虎等迫不及待地在龙华警备司令部提审宣中华。面对敌人酷刑逼供和枪杀相威胁，宣中华正气凛然地回答："你们杀了我，无非只不过一个宣中华，但千千万万个革命者会来杀你们的！""中华今为革命而死，虽死无憾。"4月17日深夜，遍体鳞伤的宣中华被押解至龙华荒郊，惨遭杀害。

第三节　战斗在龙潭虎穴——钱壮飞

钱壮飞（1895—1935），原名壮秋，乳名彬生，别名钱潮，1895年出生在浙江吴兴（今湖州市）城里。

钱壮飞少年时曾在湖州城里的浙江省立第三中学读书，1914年考进国立北京医学专门学校，他博学多才，除精通本业医道外，还擅长绘画、书法、写剧本、拍电影、当演员等，1926年加入中国共产党。

钱壮飞多才多艺，精明能干，善于交际应酬，得到了国民党中央组织部总务科主任、调查科代理主任徐恩曾的信任，1929年底出任徐的机要秘书。钱壮飞立即把这一重要情况报告党组织，中央特科决定让钱壮飞和李克农、胡底，利用这个极其难得的机会，打入国民党的最高特务组织，在敌人的心脏里进行特殊战斗，

钱壮飞

三人小组受中央特科直接领导，陈赓负责单线联系。当时，徐恩曾有一个同国民党高级官员通报用的密码本，根据蒋介石和陈立夫的指令，只许他一人保管和译用，不得交给任何人。钱壮飞得悉这一秘密后，动了很多脑筋，设下巧妙的计谋，终于神不知鬼不觉地复制了密码本，从此，得以掌握国民党统治集团内更为核心的机密。

1930年，蒋介石对江西中央根据地发动第一、二次军事"围剿"时，钱壮飞就曾截获许多极重要的军事情报，经李克农转交中央特科，对于红军粉碎敌军"围剿"，起了重大作用。

1931年4月24日，中共中央政治局候补委员、参加过中央特科领导工作的顾顺章在武汉叛变投敌，妄图以出卖设在上海的中共中央领导机关和中央领导人作为卖身投靠的资本，向国民党反动派邀功请赏。

4月25日（星期六）晚上，钱壮飞在值夜班，接连收到国民党武汉特务机关发来的六封特急绝密电报，上面都加有"徐恩曾亲译"的字样。于是，他就利用早已复制好的密码本，翻译了电报，得知顾顺章被捕，并已自首，如能迅速解至南京，三天之内可以把上海的中共中央机关"全部肃清"。在此十万火急、千钧一发之际，钱壮飞经过周密思考，决定先派女婿刘杞夫（钱椒的丈夫）连夜坐火车先去上海，设法把这个紧急情报通过李克农立即转告党中央，随后他自己也乘火车来到上海。

钱壮飞所截获的这件特急告警情报，通过李克农及时转报党中央后，主持中央实际工作的周恩来在陈云等的协助下，当机立断，立即抢在敌人的行动之前，采取一系列紧急措施，跟叛徒和特务展开了一场争分夺秒、惊心动魄的无形搏斗：迅速妥善地切断、转移和改变了顾顺章所知道的党在上海的一切关系和联系渠道，立即废止他所知道的一切秘密工作方法。经过夜以继日、连续紧张的战斗，终于彻底粉碎敌人妄图一网打尽党中央领导机关的罪恶阴谋，使党避免了一场空前严重的大破坏、大灾难。

由于在上海确实难以继续存身，钱壮飞根据党中央的指示，离开上海，前往中央苏区。先后担任中华苏维埃中央革命军事委员会政治保卫局局长、红一方面军政治保卫局局长、中央军委第二局副局长等职，继续从事情报工作。1934 年 10 月，钱壮飞参加中央红军主力长征队伍中的军委纵队，离开江西中央根据地，一路随军转战湖南、贵州等省。1935 年 4 月 1 日，牺牲于贵州省金沙县后山乡。

第四节　做个"举世唾骂"的革命家——俞秀松

俞秀松（1899—1939），原名寿松，字柏青，在苏联学习和工作时叫纳利马诺夫，在新疆工作时化名王寿成。1899 年出生于浙江诸暨大桥乡溪埭村。

1916 年，俞秀松考入杭州浙江省立第一师范，他勤奋好学，善于思索，经常阅读《新青年》，《民国日报》副刊《觉悟》，接受了新思想、新文化的熏陶。

1920 年 4 月俞秀松到了上海，在陈独秀的支持下在《星期评论》报社工作，逐渐接受了马克思列宁主义的理论。后来，他为了实践自己提出的"打破知识阶级的观念"，"投身到劳动界"中去的主张，决定离开《星期评论》报社，到虹口区厚生铁工厂做工。他同工人们生活在一起，经常给工人宣讲要团结起来反抗剥削压迫

俞秀松

的道理，启发工人的觉悟。他是中国先进知识分子最早从事工人运动的人。在这期间，俞秀松还和陈望道等一起，参加马克思主义研究会的工作，进一步学习、研究马克思主义。1920年6月，俞秀松参加中国共产党上海发起组，成为中国共产党最早的党员之一。共产国际代表维金斯基由杨明斋陪同来到中国时，俞秀松曾给维金斯基当过一段时间的助手。1920年8月，上海社会主义青年团诞生，这是中国最早的青年团组织，由于俞秀松在当时党的发起人中年纪最轻，陈独秀派他组织社会主义青年团并担任书记。

1921年3月，俞秀松接受少共国际的邀请和上海社会主义青年团的委托，前往梦寐以求的苏俄，参加少共国际第二次代表大会，并进入莫斯科东方大学学习。1922年3月，回到上海。他于4月19日来杭州建立社会主义青年团杭州支部，兼任书记，这是浙江第一个青年团组织。1922年5月，俞秀松出席在广州召开的中国社会主义青年团全国第一次代表大会，当选为第一届团中央执行委员。

1925年10月28日，俞秀松第二次离开祖国去苏联学习。11月23日，俞秀松和同行的同学到达莫斯科，进入中山大学学习，俞秀松专攻政治经济等学科。他在中山大学曾经担任中共旅莫支部的支委，并在中山大学教务处工作。由于他作风正派，平易近人，又有较高的理论和文化水平，颇得同学们爱戴。1927年11月上旬，俞秀松考入列宁学院，他坚持真理，英勇不屈，对王明的教条主义、宗派主义错误，进行了顽强的斗争。

1933年，俞秀松与周达文、董亦湘等6人，一起被派到苏联远东伯力工作，俞秀松担任《工人之路》的副总编。

1935年6月，因当时的新疆督办盛世才标榜进步，联共中央派俞秀松等25人进入新疆帮助工作，俞秀松担任新疆反帝联合会秘书长、新疆学院院长、省立一中校长等职。在他的倡导下，马列主义被列为新疆中等以上学校的必修课。他十分重视培养人才，在新疆曾分三批选派学员近 300 人，到苏联塔什干的中亚大学学习。

俞秀松在新疆坚持党的原则，宣传党的政策，扩大党的影响，这就不能不引起新疆军阀盛世才的暗中嫉恨。1937 年 12 月，王明和康生从苏联回延安，途经新疆，他们利用手中的权力，诬陷俞秀松是"托派"，盛世才便借机将他逮捕入狱。1938 年 6 月，俞秀松被押往苏联。1939 年 2 月 21 日，俞秀松在苏联肃反扩大化中被害，终年 40 岁。

第十四章

之江楷模

　　中华人民共和国七十多年辉煌基业上，镌刻着无数为民族、为国家奋斗不已的响亮名字。他们或是全心全意服务人民，或是赤胆忠心献身建设事业，或是鞠躬尽瘁推动科技创新，他们是时代的奋斗者、建设者、奉献者。这些人里也有许多浙江籍人士的身影，他们是陈双田、钱学森、屠呦呦……

第一节　陈双田

陈双田，1916 年出生于金华汤溪镇汤溪村。因为贫穷，他受尽了剥削与欺侮。陈双田不满 9 岁时就当了财主家的小牛倌，开始了小长工的血泪生涯。

1949 年 5 月汤溪解放后，陈双田翻身作了主人，别提有多激动了。当年，他就当选为汤溪村农会生产委员，后又担任了村主任。1949 年 12 月 30 日，他光荣地参加了中国共产党。接着，他带领群众垦荒度春荒，闹土改，分田分地。

1950 年 9 月，陈双田赴京参加全国工农兵英模代表大会，受到毛泽东主席的接见。回家乡后，他成立了全县第一个互助组：陈双田互助组。1954 年 10 月，陈双田互助组转为全县第一个高级农业社。从 1951 年到 1961 年间，在他的带领下，汤溪先后建了 14 个山塘水库和 1 个中型水库，使全村 80% 的农田实现了自流灌溉。

在人民公社化的浪潮中，高产卫星越放越神奇，小高炉遍地开花，虚报、浮夸伴随瞎指挥而来，陈双田挺身而出，加以抵制，他的实事求是作风竟被当时的县领导称为"右倾""保守大王"，当作"白旗"拔掉。但陈双田仍然"肩不离锄头，身不离劳动"。

1963 年 4 月，中共浙江省委办公厅编印了《一批干部参加劳动的材料》，其中包含了陈双田访问记《怎样才能更多地参加劳动》一文，呈送给正在杭州主持会议的毛泽东主席审阅。毛泽东主席在审阅后将题目改为《浙江省七个关于干部参加劳动的好材料》印发全国，并于当年 5 月 9 日写下了 1300 多字的长篇批语，史称"五九批示"。

1975 年 10 月，陈双田被任命为金华县委副书记。地位变了，身份变了，但他坚持劳动的本色却丝毫没有变。每次放假回来，他第一件事就是脱掉鞋袜参加队里劳动。他虽是县委副书记，但他的办公室就在田间，办公用品是锄头和扁担，村里哪里有问题他就身背挎包出现在哪里，这就是这位"赤脚书记"的本色。

1980年，陈双田退休后，热情支持汤溪村新领导班子的工作，依然关心村集体，精心管理村里那一大片橘林。1989年，他作为特邀代表参加了全国劳动模范和先进工作者表彰大会。

2006年"五一"节之前，浙江省举办了一次"劳动伟大——浙江最具影响力劳模"评选，10位当选的劳模中，已经过世多年的陈双田仍然名列第一。

第二节　钱学森

钱学森1911年12月11日出生于上海市，祖籍浙江省杭州市。1923年9月，他进入北京师范大学附属中学学习。1929年9月，他抱着科学救国和振兴中华的远大理想，以优异成绩考入上海交通大学机械工程系。他在刻苦钻研专业知识的同时，深入思考国家和民族的前途命运。

1935年，钱学森赴美留学，先后进入麻省理工学院和加州理工学院学习，获得航空工程硕士学位和航空、数学博士学位。后从事空气动力学、固体力学和火箭、导弹等领域研究，28岁时就成为世界知名的空气动力学家。虽然美国待遇丰厚、科研条件优越，但钱学森始终心系祖国。1955年，历经五六年的软禁和周旋，冲破重重阻碍的他终于回到中国。其间，他曾在辗转寄回祖国的一封信中说：无一日、一时、一刻不思归国参加伟大的建设高潮。

回到祖国的钱学森，迅速成了中国现代化建设队伍中的一员。他没有忘记自己离开美国时的诺言："竭尽全力，与中国人民一道建设国家，使中国人民过上有尊严的幸福生活。"在钱学森的组织和带领下，中国第一个导弹研究机构——国防部第五研究院成立。由于当时的科技水平比较薄弱，导弹研发过程中遇到了很多难题，钱学森的院长办公室经常彻夜灯火通明。那时候的五院，不论是科研人员还是行政人员，大家都有着一个共同的口头禅，就是"有困难，找钱院长"。

在接受国家艰巨任务后的很长一段时间，钱学森就像突然失踪了一样，家人、朋友都不知道他去哪儿了，就是知道，也不能说出来。他在基地一待就是几个月，他的任何行动都是严格保密的，甚至连他的夫人蒋英也不知道。

披肝沥胆千余夜，1960年，我国成功研制出第一枚导弹。之后，钱学森又主持我国"两弹结合"的技术攻关和试验工作，于1966年成功发射了我国第一枚导弹核武器。1970年，我国第一颗人造地球卫星发射成功，宣告新中国迎来了航天时代。

进入改革开放新时期，钱学森参与组织领导了我国洲际导弹第一次全程飞行、潜艇水下发射导弹和地球静止轨道试验通信卫星发射等任务，为实现我国国防尖端技术的新突破建立了卓越功勋。他潜心研究的工程控制论、系统工程理论，广泛应用于军事、农业、林业乃至社会经济各个领域的实践活动，在我国现代化建设中发挥了重要作用。他敏锐把握信息技术对人类社会发展的深远影响，积极倡导信息技术研究应用和信息产业发展，为推动军队信息化建设作出了重要贡献。

第三节　屠呦呦

屠呦呦，女，1930年出生于浙江省宁波市，药学家。

1946年，16岁的屠呦呦不幸染上了肺结核，她只好终止学业，回到家中养病。坚强的她在经过两年多的治疗后，终于重返学校开始学习。这次得病，在她的心里埋下了一颗"种子"——长大了要成为一名医生。从那以后，她就经常跑到书房看有关中医药方面的书，虽然看不太懂文字，但是大多都有配图，这让屠呦呦对医药的兴趣更加浓烈。

1951 年，屠呦呦毫不犹豫地报考了北京大学医学院药学系，并成功开启了学医之旅。1955 年，她进入中医研究院。当时，研究院的条件十分艰苦，设备短缺。由于长期与各种化学溶液接触，屠呦呦患上了中毒性肝炎。但是她没有放弃对中医药的热爱，除了在实验室内"摇瓶子"外，她还常常"一头汗两腿泥"地去野外采集样本。经过了各种尝试和实践，她终于解决了半边莲和银柴胡的品种混乱问题，为防治血吸虫病作出贡献。她参考各种中医古籍，结合各地的医药经验，完成了《中药炮炙经验集成》这本著作。

20 世纪 60 年代，在氯喹抗疟失效、人类饱受疟疾之害的情况下，屠呦呦接受了国家疟疾防治研究项目"523 办公室"艰巨的抗疟研究任务。1969 年，她成为中药抗疟研究组组长。

通过整理中医药典籍、走访名老中医，屠呦呦汇集编写了六百四十余种治疗疟疾的中药单秘验方集。在青蒿提取物实验药效不稳定的情况下，她通过改用低沸点溶剂的提取方法，富集了青蒿的抗疟组分。1972 年，为了试验青蒿素的临床效果，屠呦呦整天泡在实验室里。由于当时设备差，没有实验防护，她又一次患上了肝中毒。眼看着疟疾的高发期马上就要来了，一旦错过临床观察最佳期，那就要再等上一年。屠呦呦直接找到了研究院的领导，镇定地说："我请求用我的身体，进行人体实验。"大家都劝说屠呦呦不要太冒险，她却坚定地回答："我是课题组组长，要为 191 号这个'孩子'负责，我来当这个人体实验对象，再合适没有了！"屠呦呦这一次的"冒险"终于换来了成功。屠呦呦团队成功提取了青蒿中的有效物质，后将它命名为青蒿素。

2000 年以来，世界卫生组织把青蒿素类药物作为首选抗疟药物。世界卫生组织《疟疾实况报道》显示，2000 年至 2015 年期间，全球各年龄组危险人群中疟疾死亡率下降了 60%，5 岁以下儿童死亡率下降了 65%。

屠呦呦卓有成效的工作，使她荣获国家最高科学技术奖、诺贝尔生理学或医学奖。2019 年，屠呦呦被授予"共和国勋章"。

第四节　陈薇

陈薇是浙江兰溪人。小时候的她，容貌秀丽，成绩优秀，兴趣十分广泛，是老师和同学们眼中的学霸。

浙江大学毕业后，陈薇被保送清华大学生物化工专业。硕士毕业后，她在深圳一家著名生物公司工作，薪酬很高。

1990 年 12 月，陈薇被导师派去军事医学科学院取实验抗体。顶级的科研设备、前沿的科研课题，深深地吸引陈薇。她心里暗暗地想："这就是我这辈子想追求的东西。"

于是，她毅然放弃高薪的工作，特招入伍，加入中国军事医学科学研究院，开始了"与病毒共舞"的日子。

2003 年抗击非典时期，陈薇与课题组成员连夜进入生物安全实验室，常在实验室里连续工作十几个甚至几十个小时。数月后，团队研制的"重组人干扰素 ω"，对 SARS 病毒的攻击有较好的防护作用。

2014 年，西非大规模暴发埃博拉疫情。陈薇率队赴非，她说："埃博拉离中国，只有一个航班的距离。"同年 12 月，陈薇团队研发出世界首个 2014 基因型埃博拉疫苗，实现了我国自主研发疫苗境外临床试验"零"的突破。

2020 年 1 月 26 日，武汉关闭离汉通道的第 4 天，陈薇率领军事医学专家组紧急奔赴武汉。疫苗，无疑是终结新冠肺炎最有力的科技武器。在武汉，陈薇率领团队与后方科研基地联合作战，集中力量展开应急科研攻关，争分夺秒开展腺病毒载体重组新冠病毒疫苗的研究。2月29日，陈薇第一个接种了腺病毒载体新冠疫苗。接种后，陈薇团队对自己进行了密集采血，以观察何时产生免疫反应，目的是让志愿者少抽血。

"除了胜利，别无选择！"在疫苗研发最吃紧的时刻，陈薇许下这份承诺。3月16日，重组新冠疫苗启动Ⅰ期临床试验，成为首个进入临床研究阶段的新冠疫苗。

4月12日，疫苗启动Ⅱ期临床试验，再次领跑世界。临床结果证明，单针接种可使机体同时获得体液免疫和细胞免疫。

8月11日，疫苗获得中国发明专利授权……团队全力推进新冠特异性治疗抗体药物和改善后遗症生物新药的临床应用。

在陈薇的带领下，军事医学专家组以最优设计、最快速度、最短时间推出一系列重大成果，拿出了"中国苗""定心苗"，展现了中国战疫的硬核实力。

2020年9月，在全国抗击新冠肺炎疫情表彰大会上，陈薇被授予"人民英雄"国家荣誉称号。

第五节　瞿独伊

瞿独伊，1921年出生在萧山，是中国共产党早期领导人瞿秋白的继女，母亲是中共著名的妇女活动家杨之华。1928年，中国共产党第六次代表大会在苏联召开前夕，年幼的瞿独伊随父母一起来到了莫斯科。此后，瞿秋白与杨之华在共产国际上班，瞿独伊在莫斯科学习。

1930年7月，瞿秋白夫妇奉命回国工作，考虑到带着孩子从事地下工作不方便，两人忍痛将瞿独伊留在了苏联。后因苏德战争爆发，1941 年，瞿独伊随母亲杨之华回国，却在新疆被地方军阀盛世才扣押监禁。敌人策反杨之华等党员未果，就盯上了年纪最小的瞿独伊。在一次审讯中，敌人许诺只要瞿独伊配合，出狱后会给她找一份工作。瞿独伊愤怒地拒绝："我决不单独出狱，决不会为你们工作！"

在监狱的 4 年，瞿独伊进一步坚定了共产主义的理想信念。1946 年，获救的她加入中国共产党，被分配到新华社工作。

在苏联生活多年的瞿独伊能讲一口流利的俄语。1949 年 10 月 1 日，新中国成立。作为俄语播音员，瞿独伊在天安门城楼用俄语播报了毛泽东宣读的公告，向全世界传播了中华人民共和国成立的消息。

1950 年 3 月，瞿独伊和丈夫李何被派往莫斯科筹建新华社记者站。这是新中国成立后，我国在国外建立的第一个新闻机构，两人也成为我国第一批驻外记者。赴莫斯科途中，他们就满腔热情投入工作。正逢苏联举行最高苏维埃代表选举，列车上也设有投票箱，他们立即采访了旅客，发回第一篇报道。当时，分社只有瞿独伊夫妇，面对简陋的条件，他们身兼数职扛起重任。周恩来总理访苏、时任中国驻苏大使张闻天举行宴会和讲话，都是由瞿独伊充当翻译。

瞿独伊生活极为简朴。定薪时，她主动减薪，记者站所用的收音机、照相机等都是自费购置。新华社改制之后，瞿独伊认为"国家正处于困难之际，个人不愿占用国家过多公共资源"，自请降低职称以减少劳动报酬。"工资能维持基本生活即可。"两人还把在国外发表文章所得的稿费，绝大部分都作为党费上交。在他们回国之时，新华社莫斯科分社已初具规模。

"一生淡泊名利、从不向党伸手，从不搞特殊化，始终保持共产党员的精神品格和崇高风范"，是瞿独伊的生动写照。

(第十五章)

革命胜迹

在浙江的广阔土地上，众多革命先烈为我们留下了大量充满意义的共和国历史革命遗迹。这里面有党的诞生地——嘉兴南湖革命纪念馆、有新四军司令部——新四军苏浙军区纪念馆……截至 2021 年，浙江一共有 306 处党史学习教育基地。或许只是一个转角，你便能与那些峥嵘岁月相遇。

第一节　南湖革命纪念馆

嘉兴南湖是中国共产党诞生地、中国革命红船起航地。

1921 年 7 月 23 日，中国共产党第一次全国代表大会在上海秘密召开。会议中途，因遭到法租界巡捕的袭扰搜查而被迫停会。会议最后一天，一大代表们秘密转移到浙江嘉兴，在南湖景区的一条游船上继续举行。在南湖举行的中共一大续会上，审议、通过了中国共产党第一个纲领和第一个决议，选举产生了党的领导机构——中央局，庄严宣告中国共产党正式成立。

为纪念中国共产党在嘉兴南湖胜利闭幕这一重大历史事件，1959 年初，在中共中央和中共浙江省委的关怀下，嘉兴县委开始筹建南湖革命纪念馆。

南湖革命纪念馆成立于 1959 年 10 月，馆址设在南湖湖心岛。1985 年，邓小平同志为南湖革命纪念馆题写馆名。

进入新世纪，为更好保护、挖掘和利用南湖的红色资源，充分发挥南湖革命纪念馆作为全国爱国主义教育示范基地的作用，决定筹建南湖革命纪念馆新馆。2006 年 6 月 28 日，在庆祝中国共产党成立 85 周年之际，时任浙江省委书记习近平为南湖革命纪念馆新馆奠基；2011 年 6 月 30 日，中国共产党成立 90 周年前夕，南湖革命纪念馆新馆落成开放。2018 年 4 月成立红船精神研究院，实行"馆院一体"管理。

南湖革命纪念馆新馆建筑总面积 19217 平方米，其中展厅面积 8000 平方米。建筑由"一主两副"呈"工"字形的三幢建筑组成，象征着中国共产党是工人阶级的先锋队。四周有 56 根檐柱，寓意 56 个民族紧密团结在党中央的周围。主体建筑背面设有大型宣誓广场，可容纳千人集体宣誓。

南湖革命纪念馆基本陈列《红船起航》主题展览以中国革命红船起航为主题、以党的初心和使命为主线、以党的发展历程为脉络，聚焦中国共产党创建，特别是一大南湖会议，全面阐释一个大党与一条小船的关系，全面展现一百年来，中国共产党在初心使命的砥砺下，带领全国人民取得革命、建设和改革伟大胜利的光辉历史，特别是中国特色社会主义进入新时代取得的根本性变革和历史性成就。基本陈列由"救亡图存""开天辟地""光辉历程""走向复兴"等4个部分、21个单元组成。

南湖革命纪念馆是全国文明单位、全国爱国主义教育示范基地、全国青少年教育基地、全国廉政教育基地、全国社科普及优秀教育基地、全国关心下一代党史国史教育基地、全国民族团结进步教育基地、浙江省党史教育基地、国家一级博物馆。

第二节　解放一江山岛烈士陵园

解放一江山岛烈士陵园，是为纪念中国人民解放军陆、海、空三军，于1955年1月18日首次联合作战，一举解放一江山岛的辉煌胜利，以及在这次战斗中为国英勇牺牲的勇士，由浙江省人民委员会于1955年秋决定兴建的。

1949年，国民党兵败逃往台湾后，纠集残存部队2万余人，在浙江沿海占据了以上下大陈为中心的南麂、披山、一江山岛等十余个重要岛屿，企图凭险固守，作为其伺机反攻大陆的前进基地。位于台州湾椒江口东南13海里、总面积只有1.7平方千米的一江山岛，由于其战略位置显要，成为国民党重点防御阵地，其军事配备被称作是"美国造的攻不破的海上钢铁堡垒"。1955年1月18日，人民解放军首次采用陆、海、空三军协同作战，一举攻克一江山岛，全歼国民党驻军1086人，其中俘敌567人，毙敌519人，解放军指战员和支前群众454人牺牲。这次战役迫使国民党军队撤出大陈等岛屿，浙江始告全境解放。

解放一江山岛烈士陵园位于台州市椒江区枫山北麓与小园山之间。陵园于1955年底建成，占地总面积44.62万平方米，其主要建筑有牌楼、墓道、战斗纪念塔、纪念亭、石碑、烈士墓、烈士桥、烈士塑像、烈士纪念馆、一江山岛登陆战纪念馆等。山巅建有解放一江山岛战斗纪念塔，塔座呈六角形，塔体呈三角形，塔上塑有大型陆、海、空军三位战士的雕像，塔顶有一颗五角星灯。

一江山岛登陆战纪念馆于2004年底建成，占地面积2600平方米，总建筑面积5138平方米，总投资1500万元；展厅分上下两层，一楼展厅主要是从战役背景、筹划和准备三个方面进行介绍，二楼展厅主要是介绍战斗经过等，通过327张图片、文献资料、许多实物以及演示厅广泛运用的声、光、电、形等现代化演示手段，展示了当年陆、海、空三军将士首次联合渡海登陆作战，一举攻占一江山岛的激烈战斗场景。

解放一江山岛烈士陵园是全国重点烈士纪念建筑物保护单位、全国爱国主义教育示范基地、全国国防教育基地、浙江省文物保护单位、省党史教育基地。

第三节　鄞州四明山革命烈士陵园

四明山区地势复杂、重峦叠嶂。在抗日战争时期，这里成为毛泽东主席在党的七大报告中肯定的全国19块抗日革命根据地之一的浙东抗日根据地的中心区域；解放战争时期，这里又成为毛泽东主席指出的南方七大游击根据地之一的浙江东部南部游击根据地的重要区域。在这块英雄的土地上，无数党的儿女，为了人类的解放事业，不惜牺牲自己年轻宝贵的生命，谱写了可歌可泣的英雄篇章。

鄞州四明山革命烈士陵园位于宁波市海曙区章水镇振兴中路66号。1951年，浙江省第二军分区、宁波专署、鄞县人民政府决定在鄞县四明山麓章水镇的樟村兴建革命烈士陵园。广大群众主动捐款献工，在不到半年的时间里就建成了占地7000平方米的烈士陵园，建起了一座高10.6米的烈士纪念塔和一座拱形圆座烈士公墓，将在抗日反顽战斗中牺牲的11位烈士遗体安葬于此。1953年，又在纪念塔前两侧建造了两座五角形纪念碑亭，以纪念李敏等烈士，在烈士公墓后面又增建了5座烈士公墓，安放了146具英烈灵柩，成为浙江省最早建立的革命烈士陵园之一。以后，中共鄞县县委和县人民政府多次对烈士陵园进行扩建和整修：1978年建造了三层纪念厅和拥有1728个座位的纪念堂；1990年增建了烈士事迹陈列室，并扩充了展览内容；1992年对陵园再次进行全面整修，筹资300余万元，新征用地11亩，再造烈士纪念塔，重新布局烈士公墓，整个工程于1995年底竣工；1997年在烈士墓群前方两侧再建两座英烈亭，上方铭刻着698位烈士的英名。

陵园现占地面积1.43万平方米，建筑面积3750平方米。陵园内距大门140米处，耸立着一座高27.2米的新烈士纪念塔，塔身高25.2米，象征宁波（鄞县）于1925年2月建立党组织，塔顶饰一颗鲜艳的红五星。塔座四周镌刻着四组浮雕，分别是"大嵩潮""梅园旗""樟溪血"和"四明火"。2米高的两层平台，采用温岭青石镂空石栏屏围。烈士事迹陈列厅展示了新民主主义革命时期和社会主义建设时期的史料照片，烈士事迹和100多件遗物、遗照等。陵园坚持每天对外开放，前来参观瞻仰的各界人士全年络绎不绝，特别是每逢清明节期间，祭扫烈士墓的群众、学生更为集中。

鄞州四明山革命烈士陵园是全国重点烈士纪念建筑物保护单位、全国爱国主义教育示范基地、浙江省文物保护单位。

第四节　新四军苏浙军区纪念馆

新四军苏浙军区纪念馆，位于浙江省长兴县城西北槐坎乡温塘村，纪念馆原为清代咸丰年间民宅，距今 150 年历史，房屋建筑呈砖木结构，正屋是一四面高墙前后两进五开间的走马楼，共有房屋 46 间，建筑面积 1000 余平方米，整个建筑规模宏大，布局紧凑，构造精巧，雕饰华丽，错落有致。

1943 年 9 月，日军发动苏浙皖边战役，浙西大片土地重新失陷。而后，新四军第六师第十六旅挺进苏浙皖边，收复了浙西广大农村。1944 年 9 月，华中局和新四军军部又先后派粟裕、叶飞率新四军第一师主力渡江南下浙西。1945 年 1 月，中央军委命令成立新四军苏浙军区，司令员粟裕，政委谭震林（未到职，由粟裕代政委），同年 4 月任命叶飞为副司令员。苏浙军区成立后，在打击日伪的同时，取得了天目山三次反顽自卫战的胜利，建立了以天目山为中心的浙西抗日根据地。浙西抗日根据地，是抗战时期全国 19 块根据地之一和华中 8 个战略区之一的苏浙皖边抗日根据地的重要组成部分，根据地内建有 4 个地区级、10 个县级政权。抗战胜利后，根据党中央的指示，苏浙军区撤至苏北地区。

新四军在浙西的近两年时间里，以苏浙军区司令部为中心，各种机构呈星状分布于长兴县西北部的槐坎、白岘乡境内。新四军苏浙军区纪念馆，曾为新四军苏浙军区第一纵队司令部机关住所。1976 年对外开放，并在院内设新四军苏浙军区司令部旧址文物保护管理所；1984 年粟裕逝世后，其部分骨灰安放于旧址前广场西侧，1985 年正式建立纪念馆。纪念馆现有馆藏文物、照片1600 余件（幅），系统记录了 1943 年秋至 1945 年 10 月，新四军部队在浙西、苏浙等地的战斗历程，主要分 6 个方面：一是挺进浙西；二是苏浙军区成立；三是组织民众抗战；四是抗战最后胜利；五是英烈永载史册；六是历史的见证。

新四军苏浙军区纪念馆及旧址群是全国爱国主义教育示范基地、全国青少年教育基地、全国国防教育基地、浙江省党史教育基地、省党员培训教育基地和省廉政文化教育基地。其旧址群中的 17 处旧址，15 处为全国重点文物保护单位，2 处为县级文物保护单位。纪念馆及旧址群是国家 AAA 级旅游景区、浙江省红色旅游经典景区。

第五节　温州浙南平阳革命根据地旧址群

平阳是老革命根据地县，县内现存革命遗迹众多，与南雁荡山和南麂列岛的自然景观相互交融，形成了包括红军革命史迹、闽浙边根据地史迹、中共浙江省一大史迹、烈士纪念史迹和粟裕大将骨灰敬撒处等五大板块的以红色旅游资源为主和自然景观相辅的革命圣迹景观群。平阳山门、凤卧一带是该根据地的中心，是中国工农红军挺进师、中共闽浙边临时省委与浙江省委的活动中心，是曾山、刘英、粟裕等同志创建的浙南革命根据地之一。

从 1935 年 6 月中下旬开始，红军挺进师 9 进平阳，与平阳人民并肩战斗，粉碎了国民党军对浙南游击根据地的多次大规模"围剿"。抗日战争全面爆发后，国共合作抗日，这里又是红军奔赴抗战前线的出征地。1937 年 9 月至 10 月间，红军挺进师各部在平阳山门、凤林一带集中，改编为国民革命军闽浙边抗日游击总队，下辖 3 个支队和 1 个教导队，于 1938 年 3 月开赴皖南，编入新四军。

中国工农红军挺进师纪念碑位于平阳县山门镇凤岭山，建成于 1998 年。纪念碑建筑群总占地面积 5280 平方米，坐北朝南，背靠群山，面向畴溪。纪念碑分为主碑、北上抗日出征门、碑林

三大部分，三者共同组成一个阶梯式的建筑群。纪念碑主碑高 18
米，位于由花岗岩石板铺成的面积近 2000 平方米的纪念广场中后
部。碑身是两根由钢筋混凝土浇筑而成的外贴黑色花岗岩板块的
长方形砌体，中间由花岗岩碑名石相连。碑形为双肢合一、向上
有力的长方体，象征着红军挺进师与浙南革命力量紧密结合，并
肩战斗。主碑周围布置了高低不同的 6 根立柱，如春笋破土，象
征挺进师活动过的闽浙赣等地区的革命力量蓬勃发展。主碑前方
是北上抗日出征门，高 4 米，宽 3 米。时任中央军委副主席张震
在门楣上题写"北上抗日出征门"。门柱两边各有一堵相称的白
石板墙，高 4 米，宽 2 米，墙的正反两面都刻有抗战浮雕像。门
后则有 3 组各 38 级的石阶通向主碑。

中国工农红军挺进师纪念碑与平阳的其他革命遗址组成了"浙
南（平阳）革命根据地旧址群"，是浙江省党史教育基地。2005
年被列入国家 30 条"红色旅游精品线路"和 100 个"红色旅游经
典景区"，2009 年 5 月被中宣部命名为第四批全国爱国主义教育
示范基地。

附录一

学校简介

1998年，浙江老年电视大学经浙江省教育委员会批准，由浙江省老龄工作委员会、浙江省人事厅、浙江省总工会联合创办。目前，学校隶属于浙江省卫生健康委员会。

浙江老年电视大学是一所"没有围墙的大学"。办学以来，学校始终贯彻"增长知识，丰富生活，陶冶情操，促进健康，服务社会"的办学宗旨，坚持"学无止境，乐在其中"的办学理念，通过电视节目，网络视频点播与下载，第二、三课堂，讲师团送课等形式开展老年教育，讲授适应现代生活的社会科学文化知识，帮助老年人实现老有所学、老有所教、老有所为、老有所乐的目标。

学校开设身心健康、家庭和谐、社会交往、快乐休闲、文化修养等方面的课程，邀请浙江省内高等院校、医院、科研院所的专家授课。讲课内容通俗易懂，采用案例化教学，实用性、科学性强。每年分春、秋季学期，每个学期有2门电视课程。8门课程考查合格者，颁发"浙江老年电视大学毕业证书"。

入学方式：社会和农村老人到当地的社区（村）教学点或基层老龄组织报名；各地离退休干部、职工可到系统或部门建立的教学点报名，也可就近就便到住所地教学点报名。

学习方式：老年学员可根据自己的需求爱好，选择居家收视学习或在教学点集中收视学习。

联系地址：杭州市环城西路31号（邮编：310006）

联系电话：0571-87053091　0571-87052145

电子邮箱：60edu@zjwjw.gov.cn

2023 年春季学期教学计划

《浙里的红色根脉》共 15 讲，分 15 周播出，具体安排：

日　期		课　次	教学时间
周五（首播）	周六（重播）		
2023 年 3 月 10 日	2023 年 3 月 11 日	第一讲	8：30—9：00
2023 年 3 月 17 日	2023 年 3 月 18 日	第二讲	8：30—9：00
2023 年 3 月 24 日	2023 年 3 月 25 日	第三讲	8：30—9：00
2023 年 3 月 31 日	2023 年 4 月 1 日	第四讲	8：30—9：00
2023 年 4 月 7 日	2023 年 4 月 8 日	第五讲	8：30—9：00
2023 年 4 月 14 日	2023 年 4 月 15 日	第六讲	8：30—9：00
2023 年 4 月 21 日	2023 年 4 月 22 日	第七讲	8：30—9：00
2023 年 4 月 28 日	2023 年 4 月 29 日	第八讲	8：30—9：00
2023 年 5 月 5 日	2023 年 5 月 6 日	第九讲	8：30—9：00
2023 年 5 月 12 日	2023 年 5 月 13 日	第十讲	8：30—9：00
2023 年 5 月 19 日	2023 年 5 月 20 日	第十一讲	8：30—9：00
2023 年 5 月 26 日	2023 年 5 月 27 日	第十二讲	8：30—9：00
2023 年 6 月 2 日	2023 年 6 月 3 日	第十三讲	8：30—9：00
2023 年 6 月 9 日	2023 年 6 月 10 日	第十四讲	8：30—9：00
2023 年 6 月 16 日	2023 年 6 月 17 日	第十五讲	8：30—9：00

以上课程由浙江电视台新闻频道播出。同时在浙江省老年活动中心网站（www.zj-ln.cn）、微信公众号（zjllwydx）、华数电视浙江省老年活动中心远程教育学院定制频道提供视频下载或点播学习。